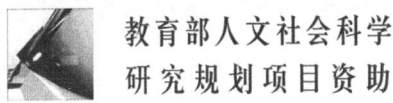

教育部人文社会科学
研究规划项目资助

无文字民族文化传承中的教育选择

——以鄂伦春族为个案

陈旭远 杨宏丽／著

东北师范大学出版社
NORTHEAST NORMAL UNIVERSITY PRESS
长 春

教育部人文社科基金项目"少数民族文化课程与无文字民族文化传承的研究——以黑龙江省鄂伦春族为个案，06JA880011"终期成果。

目 录

第一章 研究设计 ... 1
第一节 研究缘由:人类学课程设计模式的进一步阐释 ... 1
一、人类学课程设计模式的本体论追问 ... 1
二、人类学课程设计模式特点剖析 ... 10
第二节 研究问题 ... 15
一、核心概念界定 ... 15
二、研究问题 ... 16
第三节 研究方法 ... 17

第二章 个案深描 ... 19
第一节 鄂伦春族的由来 ... 19
第二节 历史视域下的鄂伦春族 ... 23
一、清朝时期 ... 24
二、民国时期 ... 26
三、东北沦陷时期 ... 26
四、解放战争时期 ... 27
五、中华人民共和国成立以后 ... 28
第三节 鄂伦春民族文化现状 ... 29
一、走向消亡:势不可当的趋势 ... 30
二、文化身份的缺失:他们和汉族没啥区别 ... 35
三、文化承载主体逐渐减少 ... 39
四、缘由探究:鄂伦春民族文化濒危深层剖析 ... 40

第四节　X鄂伦春民族学校的教育现状 …………………… 43
 一、学校的基本情况…………………………………………… 44
 二、学校管理倾向：重视鄂伦春教师 ……………………… 48
 三、X鄂伦春民族学校民族文化传承现状………………… 49

第三章　无文字民族文化传承中的教育选择历程 …………… 74
第一节　独特性标志：鄂伦春民族文化教育选择中的地方性
   知识 …………………………………………………… 74
第二节　选择与创新：鄂伦春民族文化教育选择中的视域融合…… 79
 一、对鄂伦春英雄故事的教育选择…………………………… 80
 二、对鄂伦春民族语言的教育选择…………………………… 86
 三、对鄂伦春歌曲的教育选择………………………………… 88
 四、对鄂伦春手工艺的教育选择……………………………… 90
第三节　另一种解读：鄂伦春民族文化教育选择中的他者
   目光 …………………………………………………… 93
第四节　回归生活世界：鄂伦春民族文化教育选择中的核
   心原则 ………………………………………………… 100
第五节　旅游文化：鄂伦春民族文化教育选择中的经济学视角 … 108
第六节　生成与预设：鄂伦春民族文化教育选择中的变与不变 …… 114
第七节　政治话语：鄂伦春民族文化教育选择中的意识形态 …… 126

第四章　无文字民族文化传承中的教育选择结果 …………… 136
第一节　教育选择概观………………………………………… 136
 一、课程的实现目标………………………………………… 137
 二、课程内容选择…………………………………………… 138
 三、课程设计的依据………………………………………… 141
第二节　教学设计……………………………………………… 143
第三节　建构生态课堂………………………………………… 148

一、生态课堂的基本因素 …………………………………… 149
　　二、生态课堂的基本特征 …………………………………… 156
　第四节　教师反思与对话 ………………………………………… 160
　　一、论教师反思 ……………………………………………… 160
　　二、教师对话 ………………………………………………… 164
　　三、教师与专家对话:寻找解决问题路径 ………………… 166

附　录 …………………………………………………………… 171

参考文献 ………………………………………………………… 178

后　记 …………………………………………………………… 182

第一章

研究设计

第一节 研究缘由：人类学课程设计模式的进一步阐释

基于鄂伦春民族文化传承与创新的目的，本团队的研究人员曾在长期田野研究的基础上，提出了"人类学课程设计模式"。

一、人类学课程设计模式的本体论追问

通过长期深入的田野研究，本研究团队人员对课程设计模式进行了理论的提升，由此人类学课程设计模式应运而生。[①]

（一）扎根在田野中：课程设计的灵魂

田野是人类学区别于其他学科的一个显著性标志。纵观人类学研究的历史，大凡有些影响的人类学家的经典著作都是建立在艰苦而又充满意义

---

① 杨宏丽，陈旭远. 人类学课程设计模式的本体论追问 [J]. 东北师范大学学报：哲社版，2007（6）：170—174.

的田野工作的基础之上。田野工作作为人类学者获取第一手资料的最基本方法,与一般的社会调查研究既有共同之处,又有自身鲜明的特点,表现为社会性和多元性,文化性和生活性,历史性和现实性,实践性和探索性以及艰苦性和变化性等特征上。[1]正因为如此,作为研究的场域,田野不仅仅是一个研究的地点,它更多地呈现了一种关系,即田野是观察者与被观察者、主观与客观、理论与实践之间各种关系的整合。更确切地说,田野是以上各种二元对立关系的超越,作为研究的场域,田野昭示了一种实践精神,"因为实践是实施结果和实施方法、历史实践的客观化产物和身体化产物、结构和惯习的辩证所在"[2]。

  正因为田野工作象征着人类学学科的独特性,因此,我们认为"扎根在田野中"是人类学课程设计模式的灵魂所在。一般而言,人类学家在进行田野工作的时候,其周期比较长,为了能够在自然的状态下更好地理解以及阐释所观察田野的文化意义,他们一般最少要在田野当中工作一年。我们知道,当异样的他者闯入我们生活的场域时,他者的刺激会使我们打破日常的惯性,为了满足他者的需求,我们会表现出诸多迎合性的反常行为。因此,当观察者初次出现在田野当中时,田野当中的被观察者会有诸多的伪装,但当观察者与被观察者生活一段时间时,田野中的被观察者会由于慢慢接受了作为"局外人"的观察者,而慢慢使自己的行为方式等趋于正常,另外,若被观察者长期打破自己已经建立起来的行为系统,那么被观察者会出现内在的自我冲突,从而使自己长期处于一种矛盾状态之中。我们认为人是一个能够自我调整的自组织系统,当不平衡出现后,作为一个自组织系统,人会不断地调整自己,从而出现新的平衡。因此,被观察者在观察者出现后的短时间内尽管可能会出现一些不真实的伪装,但观察者田野工作的时间保证了被观察者真实的自然流露,从而使观察者不断逼近田野的真实。

  课程设计的田野使课程设计的观察者与被观察者、课程设计的理论与实践、课程设计的主观推测与客观事实之间的关系达到了一种和谐,并且是超越了以上的二元对立而达到的一种相对的平衡。在课程设计田野的场域之中，课程设计者作为观察者与被观察者共同成为课程设计的主体；课程设计的理论在指导实践之时不断地接受实践的检验与挑战，从而使课程设计的理论与实践之间完成真正意义上的对话；课程设计的主观推测是作为课程设计者的人对课程设计所持种种假设的外在流露，而课程设计的客观事实则是课程设计本身以及课程设计所处语境的外在关系的实然样态，但课程设计的田野使课程设计者的主观推测与课程设计的客观事实成为一种互证性的存在。因此，当课程设计者扎根在课程设计的田野当中，并且以人类学家所尊崇的田野工作的方式进行细微的考察之时，课程设计的田野在最大的程度上保证了课程设计问题之真，解决问题之有效，阐释意义之真切。并且，在课程设计田野当中的真实会在一定程度上检验已形成的关于课程设计的中心话语，从而有利于解构课程设计的传统，在课程设计的反中心话语当中生成课程设计的全新模式。

（二）平等主体：多元资本的超越

课程设计的历史书写了课程设计的过去，也再现了历史视域之下课程设计者之间的冲突与斗争，"历史具有双重意义：既表示过去发生的事件，也是一种关于选择、解释和说明这些事件的争议性的叙述"[3]。当将课程设计置于历史视域之下，我们可以看到，并非每个人都可以成为课程设计的主体。在我国，一般而言，课程专家、教育专家、科学家等角色者才有课程设计的权力，随着此次基础教育课程改革的深入，校长、教师等角色者也逐渐参与到课程设计当中来，但就整体而言，课程设计作为一项选择知识从而生产知识的神圣活动，"内外有别"成为其内在的假设，即课程设计是教育家、课程专家、科学家以及校长、教师的事情，他们作为局内人具有课程设计的权力，而除此之外的其他角色者则被排除在课程设计之外，因为他们事先就被假设为"局外人"的身份而存在。人类学的一个核心精神就是对差异的尊重，对边缘的关注，尽管人类学者原初的研究带有猎奇、研究他者的文化从而更好地为本土的各种利益服务的倾向，但随着人类学这门学科的发展，人类学研究对象逐渐完成了从异域到本土的转向，并且在田野工作时人类学家和研究对象都是平等的，他们同为文化表述者的身份而存在。由此可见，人类学这门学科内隐着平等的价值诉求，不论是异域文化，还是本土文化，无论是作为研究者的人类学家，还是作为被观察者的田野之中的文化个体，他们都是平等的，没有等级之分、优劣之别。

当对课程设计施以人类学关怀的时候，我们看到课程设计主体发生了变化。首先，课程设计主体之间的平等关系得以结成，当进行人类学课程设计时，在课程设计场域之内，每个参与者都具有话语权，他们都可以针对课程要达到的目标、选择的内容、评价的方式等提出自己的见解，无论是课程专家、校长、教师，还是家长、学生、社区内的其他人员，在课程设计的权力假设上，他们都是平等的。另外，课程设计主体的范围打破了一定的界限，从而使课程设计成为一项诸多社会角色者共同参与的公共性事业。在人类学的关怀之下，一些边缘者与那些课程设计的权威者一样，加入课程设计当中，这样课程设计在其设计者的多元对话之中会不断地生成新的知识。

我们可以近似地认为课程设计是在一个场域内进行的活动，这个场域是一系列客观位置结成关系的网络，场域的原动力来源于场域内行动者之间权力的较量，而行动者拥有怎样以及多少资本成为决定其拥有权力的关键。打破"资本"作为经济学独有的概念，布迪厄认为"'资本'是以物化的形式或肉身化的形式累积起来的，这是一种铭写在客体或主体结构中的力量，也是一条强调社会世界的内在规律性的原则"。[4] 这样，布迪厄将资本从经济学领域的专用术语扩大到社会科学当中，资本从而由经济资本一种形式变换为经济资本、社会资本以及文化资本等多种形式。"社会资本是实际的或潜在的资源的集合体，或者说，是实的或虚的资源的总和。那些资源是同对某种持久性的网络的占有分不开的。"[5] "社会资本主要是一种社会的声望、知名度及其占有文化象征和经济资本的数量的程度，它得到各方的普遍性认同，从而产生一种社会的价值增值效益。"[6] 究其实质，我们可以看到作为可用社会资源的总和，社会资本再现了个人和团体在社会网络中所处的地位以及可用的社会关系。

文化资本是布迪厄提出的另一个重要的资本概念，文化资本一般具有三种形态，既可以表现为具体的形态，以精神和身体的持久的"性情"的形式存在，也可以呈现为客观化的形态，以图片、书籍、辞典等具体的文化商品的形式而存在，还可以以学术资格的形式赋予文化资本拥有者一种绝对的权力，即文化资本的体制化形态。一般而言，具体化的文化资本无法进行交换，这种资本已经凝结为文化资本拥有者内在的能力而无法通过买卖的形式得以传递；客观化的文化资本具有双重性，一方面作为物质的存在，客观化文化资本可以传递，但是作为客观化商品作者的能力，作为一种文化资本是无法传递的；而体制化的文化资本以制度的形式赋予了文化资本拥有者一种约定俗成的合法保障，而正因为如此，这种形态的文化资本往往是构成社会符号力的基本条件。

另外，当某行动者或某集团由于其政治、经济、社会、文化资本被他人承认和接受的时候，这些资本就会成为象征资本。象征资本在其运作的过程中往往会形成一个"话语暴力系统"，在这个话语暴力系统的干涉之下，社会的等级、结构以及社会中各种权力关系由于他者的承认与接受而变得合理、合法，于是，社会结构得以再生产。

由此可见，课程设计场域内的行动者拥有不同的资本，专家、学者、科学家等知识分子由于拥有相当数量的文化资本，并且由于这些知识分子的文化资本有学术证书等制度化的保障手段，因此，专家、学者、科学家所拥有的文化资本往往会被他人承认和接受而成为象征资本，并且这些知识分子在使其资本客观化为著作、书籍等具体的物化形态后，他们随之而拥有更多的经济资本，而且这使他们拥有很高的社会地位、享有极高的学术声誉，从而拥有更广泛的社会关系网，这样，他们拥有了更多的社会资本。而普通的教师、学生、家长以及社区人员在课程设计的场域内由于拥有的资本数量少，以及拥有资本类型单一，往往在课程设计的场域内的权力较量中处于弱势，这样使得课程设计成为专家学者的专利，而他人只能作为"门外汉"而被动地接受一些参与课程设计的机会。

当对课程设计赋予人类学的关怀之时，课程设计场域内的设计主体之间是平等的关系,而不存在专家与门外汉的区别,这是在无权威的前提下而进行的课程设计。但必须承认的是,尽管较之以前的课程设计,人类学课程设计模式彰显了一种"草根精神",即课程设计不是从上到下的简单传达,而是从下到上的不断伸张,这在最大限度上超越了课程设计者拥有的多元资本,而使课程设计者在平等的前提下进行课程设计,但是随着课程设计活动的进行,在课程设计的场域之内,不同课程设计者拥有资本数量以及类型是不同的,因此在权力的斗争中,拥有经济资本、社会资本、文化资本等众多资本的课程专家、教育专家等知识分子必然会在与普通教师、学生、家长等的权力博弈过程中获胜,而不断地在课程设计的过程中推行符号暴力,从而使课程设计这一知识生产的过程成为意识形态的控制过程。

(三) 主客位共存:普遍主义与特殊主义之间

布迪厄提出了人类学田野工作的科学方法:"把外来者拉近,又不使其丧失丝毫的奇异性,因为它允许用最随和的亲近对待外来者的最大奇异性,又强迫与最具个性的外来者保持一定距离,即一种真正的占有之条件。"[7]如果对其作通俗性解读,即做人类学田野工作的时候要主位与客位研究法共存。主客位研究法是由文化人类学中文化唯物主义学派的代表人物美国人类学家马文·哈里斯(Marvin Harris)提出的。他认为对某一事物、某一人物行为的研究可以从两个视角来进行,一个是从事件参加者本人的立场展开研究,一个可从旁观者的视角进行阐释,前一种研究文化的方法就是主位法(emics),后一种研究文化的方法是客位法(etics),两种研究方法都有其合理性,在课程设计的过程中,只有两种研究方法共存才能在普遍主义与特殊主义之间找到平衡。

一般的课程设计往往是以设计者的主观设计为主,并且设计者的主观设计往往是以达到普适性推广为终极目的,而且以绝对的客观来标榜自己的科学性,这样的课程设计究其实质是客位视角的研究,而越是要遵循价值无涉、客观中立的原则,越是背离了科学的轨道,反而与之更遥远,因为课程设计一定是由课程设计者来进行的,"所有的学者都必须根植于一个特定的背景之中，因而都不可避免地要利用各种前提和偏见，而这些前提和偏见会干扰他们对社会现实的感知和理解。从这个意义上说，根本不存在什么'中立'的学者……对社会现实进行照相式的再现是不可能的"[8]。另外，即便是课程设计者运用了调查问卷等量化的方式来确保研究的科学性，也不能因此而轻率地得出"此课程设计是绝对科学的"的结论，因为"一切数据都是从现实中挑选出来的，这种选择要以某一时代的世界观或理论模式为基础，要受到特定群体所持立场的过滤。在这个意义上，选择的基础乃是历史地建构起来的，因而总是不可避免地要随着世界的变化而变化"[9]。

这样是不是说课程设计只能是局部的设计而无法使课程设计的具体个案的经验推广到其他呢？我们认为，答案是肯定的。当借鉴人类学的主客位研究视角时，课程设计就会在普遍主义与特殊主义之间找到平衡点，即此时的课程设计既有具体个案的丰富与生动，又有在具体当中提升出普适性的共性，这样才能使课程设计既不苍白，又具有推广的价值与意义。之所以如此，是因为主位的介入能够揭示研究文化的本真面目，客位的研究能够使研究者跳出研究的田野，从而在田野与研究者之间、研究者与历史之间以及研究者与当下的他者之间进行真正意义上的对话，主位的介入使课程设计者置身于课程设计的田野之中，客位的视角使课程设计者能够跳出田野进行理论的省思。主位的介入是在文化价值相对主义的前提下的田野逼近，而客位的研究则是要达到认识论普遍性，从而使地方性知识上升为具有人类价值关怀的普遍性知识。主位的介入使课程设计者与其他课程设计者之间结成一种接受关系，即我们是一伙的，我们都是自己人，而客位的视角则使课程设计者保持自己的独特性而以他者的身份来阐释课程设计场域内发生的一切。

每一个课程设计者与课程设计场域内其他设计者之间良好关系的建立是主位介入的关键。布迪厄实践理论一再告诫我们："与对象的正确关系是社会科学固有科学实践的最具决定性的条件之一。"[10]因此，我们在课程设计的场域内要使课程设计者与其他设计者之间的关系客观化，这样使课程设计更加科学合理。在课程设计的场域之内，课程设计者之间由于拥有不同的资本，经济资本、社会资本或文化资本，而且拥有资本的数量多少也不同，因此随着课程设计的进行，不同的课程设计者之间结成了不同的支配关系，即专家、学者等角色者成为了课程设计的主导性话语力量，从而使课程设计在这些权威者权力的压迫下成为了权力在教育领域里渗透的中介。

为了确保课程设计既具有设计个案的独特性，同时兼具设计的普适性，课程设计者的反思尤为重要。布迪厄提出的"参与客化法"（participant observation）可以作为借鉴，"参与客化法要求社会科学者把自身的实践纳入思考和观察范围，既要对社会生活提供一定的概括，又要理解自身的被研究者生活的逻辑"[11]。这种方法背后内隐一种课程设计的价值取向，即置身于课程设计场域内的课程设计者只有通过对自身的反思与研究，才能达到与其他课程设计者之间的良性沟通，从而在主观和客观、思辨与实证之间达到一种平衡。作为一项人为且为人的活动，人类学课程设计模式要求课程设计者一定要有反思的意识，因为"人文和社会科学只能在尊重文化多样性的前提下理解人们的条件（传统）以及他们基于这种条件而形成的制度、文化、文本、风俗等等。而这种理解的真实性和可靠性又依赖于研究者反求诸已的自省能力、已所不欲勿施于人的宽容能力和设身处地的同情能力"[12]。

（四）解构习惯：重建课程设计的习性

习惯是外部社会使主体逐渐获得的适应性。习惯一旦养成，主体就会不假思索地践行所养成习惯的行为模式、思维方式、态度倾向等，即是说习惯一旦养成，它便成为一种规约主体的力量，而且是以隐性的超越了主体反思与认知能力的样态而存在，即主体已经在不知不觉中成为了习惯的奴隶。在被动地适应社会塑造的过程中，主体变成了社会要求的被动应答者，从而使社会结构印刻在已获得了习惯的个体身上。这样导致的结果是个体的个性无从彰显，所具有的就是社会的普通一致性，这样社会也会变成单一枯燥的，从而失去了多元多样的色彩！因此，每个个体不应该在与社会的互动中,被动地养成对社会的适应性,而应该逐渐生成个体的"习性"。习性作为知觉、评价和行动的分类图式系统,兼有稳定性与自我延展性,它既是社会结构的再现,也是行动者个性的自我张扬。由此可见,习性是个体与社会互动过程中而逐渐生成的结果性事实,习性中既有社会的形塑,也有主体的能动性应答,因此,"习性不是本质主义的,不是定义性的,而是在时间中的生命反思和对时间生命的反思,是在时间中生成的历史性延展,历史性和相对性是其徽章"[13]。

以往课程设计的历史作为一种传统、学术习惯,它一方面为人们在课程设计的时候提供了可靠的参照,成为人们设计课程的有效凭借,另一方面,我们必须看到当课程设计者一味地遵循这种传统的时候,在逐渐的课程设计中就会养成一种可怕的习惯,而一旦课程设计的习惯变成稳定性的永恒时,课程设计便会一如既往地机械地重复下去,唯一变化的就是设计的时空,而课程设计的目的、课程设计的问题、课程设计的具体流程、策略等等是永远不变的。我们认为这样的课程设计已经失去了设计本身的内涵,设计绝不是简单地模仿,然后重复性地操作。设计意味着在原有基础上的创造性改造,通过结构、形态等的合理组合而使之更加完善,故此,课程设计也绝不是课程设计者们按照惯常的方式将课程的诸要素简单地加以组合并以此成为课程设计领域里挥之不去的幽灵,进而控制了设计者的思想与灵魂。如果课程设计者对课程的设计是在书斋中进行的,是坐在摇椅上的竭力思考,那么在设计者个人的观念世界当中,课程设计可能会被以往的研究习惯所束缚,因为在这个观念的世界当中,课程设计者必然会与他者进行对话,作为现实中的他者或是作为历史上的他者,他们对课程设计的种种假设以及所形成的种种理论都必然地会影响课程设计者,在通过我与他者的对话以及现在与历史的视域融合之后,课程设计者往往会形成对课程设计的稳定的看法,观念的世界在没有和实践碰撞之时,一般不会作变动或者更大的变动。由于课程设计者的课程设计经历所形成的对课程设计的种种假设,以及课程设计的历史先在于课程设计者本人,因此,作为历史当中的个体,课程设计者逐渐形成具有历史印证的,且带有个人学术判断的课程设计理念、模式以及具体的操作方式、步骤等的综合。实践之于课程设计者的意义在于，实践是变化的，在动态的流淌中实践是变化的持续，是非线性的延伸，是在有限时空内的无限生成，因此，在实践的场域之下，课程设计者若仍然固守着原有的设计习惯而对实践的挑战置之不理，那么这样的课程设计必然会遭到实践的拒斥而无法进行。故此，当课程设计扎根在实践当中，扎根在田野之中时，设计就不是在课程设计者个人的观念世界内进行的，而是在实践中不断地生成的，这样课程设计者就要不断地打破已形成的设计习惯，在应答实践的挑战之时也就在实践的场域中不断地习得了课程设计的习性，也就是说在课程设计的实践场域之中，课程设计者一方面会被课程设计场域社会性地建构着，另一方面，课程设计者又会对场域发生着有效的、能产生一定效应的必然特性的占有，即课程设计者一方面被实践场域内的课程设计历史建构着、影响着，另一方面又会以个体独有的力量完成着对课程设计实践场域的有效占有，从而完成社会与个体、历史与现在、普遍性与独特性、理论与实践之间的对话与整合，与此同时，课程设计者个体的课程设计习性得以习得。

通过以上分析，我们认为：人类学课程设计模式应以扎根在田野中作为课程设计的灵魂，遵循人类学者自下而上的草根式的设计流程；在课程设计过程中，超越课程设计者所拥有的多元资本，应以课程设计者之间的平等关系为课程设计的前提假设；采用文化人类学中文化唯物主义主客位共存的研究方法从而达到普遍主义和特殊主义之间的平衡；课程设计的实践场域使课程设计的传统、习惯得以解构，从而使课程设计者在课程设计的过程中完成了课程设计习性的习得。

二、人类学课程设计模式特点剖析[①]

如前所述，课程研究的历史发展至今，大致可以分为两种研究范式，

---

① 杨宏丽，陈旭远. 范式转换：从课程开发到课程理解：以鄂伦春民族文化课程设计为例[J]. 上海教育科研，2008（4）.

即课程开发范式与课程理解范式。本研究打破课程开发范式的传统，而是从理解的视角来审视课程设计，具体而言，二者的区别主要体现为：

(一) 研究目的：程序式开发与内在意义的理解

首先，两种不同的研究范式要达成的终极目的有别。课程开发范式坚持价值中立的原则，按照自然科学的方法，以程序式地开发出鄂伦春民族文化课程，从而促进教师与学生更好地学习鄂伦春民族文化，且以师生行为和学习结果的改善为最终目的，这种范式把课程当成工厂里的产品，进行课程研究就如同工厂生产产品一样，按照一定的程序生产出整齐划一的产品即可。而课程理解范式则与之大不相同。我们站在课程理解范式的立场上，就会打破课程开发范式的一统天下的单一景象，从而在理解意义的过程当中生成一个多姿多彩的世界。我们主要把课程设计看成一个充满了无限意义的过程，而我们最终的目的就是要揭示出这个过程的内在意义，从而更好地理解课程设计。这有助于从多个视角来审视课程设计，这种多视角的审视有助于看到课程设计的不同面孔，从而在多元的理解中更加接近课程设计的真实，也有助于我们在以后的课程设计中更加合理而非幼稚地追求课程设计的唯一特性，即科学性。我们希望通过课程理解的范式，从哲学解释学、后结构主义以及社会学的相关理论和立场来看鄂伦春民族文化课程设计，最好能在几种理论的启示之下生成一种新的理论来理解课程，这样有助于在本土问题的过程中生成本土的课程理论，另外也能够充分地揭示出鄂伦春民族文化课程设计过程的内在意义，从而与他者在理解的世界里更好地把握鄂伦春民族文化。因为，"我们并不能在我们生产出某物并因此而把握住某物的地方经验到存在，而只能在产生出的某物被理解的地方经验到存在"[14]。

(二) 研究问题：经典问题与经典问题的超越

因为课程开发范式与课程理解范式的研究目的不一样，所以具体的研究问题也不会一样。课程开发范式侧重于对课程开发本身的一些相关问题的关注，一般而言，课程开发范式的具体研究问题不会逃出泰勒提出的四个经典问题：课程应该达到哪些目标？提供哪些教育经验才能实现这些目标？怎样才能有效地组织这些教育经验？我们怎样才能确定这些目标正在得到实现？所以，若以课程开发作为研究的范式，鄂伦春民族文化课程设计的研究问题会具体化为：鄂伦春民族文化课程应该达到哪些目标？提供哪些教育经验才能实现这些目标？（即应选择哪些鄂伦春民族的故事、歌曲、舞蹈、说唱艺术、神话传说、宗教信仰、饮食文化、服饰文化、建筑文化到课程内容当中来）怎样才能有效地组织这些教育经验？（即教材应以何种形式呈现，单独的汉语形式还是鄂伦春语和汉语对照，需要采取哪些教学策略，等等）怎样才能确定这些目标正在得到实现？（即怎样对学生掌握鄂伦春民族文化课程的水平与状况进行评价，既包括平时的课堂评价，也包括中考、高考等终结性评价）

课程理解范式的研究问题比较多元，一般没有固定的可供参考的经典研究问题。研究者需要根据自己的研究目的、研究情境等逐渐厘清研究的具体问题，以鄂伦春民族文化课程设计为例，我们以课程理解范式研究来研究的时候，研究问题可以具体化为：在课程设计的过程当中都发生了什么？为什么会发生这些？课程设计者是如何与传统鄂伦春民族文化进行视域融合而生成了课程文本的？为什么会选择这些内容？这些知识和权力之间有怎样的关系？权力是如何生成知识，而知识又是如何成为一种重要的话语再现了权力的？课程设计的过程是在一个场域之中进行的，那么都有哪些课程设计主体？各主体拥有哪些资本？各课程设计主体的观点之间有哪些冲突？这些冲突的观点是怎样走向融合的？哪些观点在最后的设计过程当中成为主导性力量？为什么这些观点会成为主导性力量？课程设计主体之间如何通过资本之间的较量而进行型构的？由此可见，课程理解范式的研究问题没有固定的章法可循，我们不能不说这些研究问题是对泰勒经典问题的超越。

（三）研究主体：权威的研究者与平等的研究者

由于研究目的、研究问题的不同，因此，课程开发范式与课程理解范式在关于"谁来研究"的问题上也有所不同。课程开发范式以"管理和控制"作为其研究者共享的理念，而并非每个人都可以成为管理者和控制者，这实际上已经暗含了以下假设：只有掌握了一定资本的权威者才可称为管理者和控制者，而只有这些权威者才可以成为课程研究的主体，除此之外的他者是没有权力参与课程开发的。因此，若以课程开发范式来研究鄂伦春民族文化课程设计，那么研究的主体就会集中体现为教育专家、课程专家、校长、教师以及教育局的相关官员等社会角色的人群。而课程理解范式恰好是要打破传统，解构权威，充分肯定每个个体的经验以及理解的独特性，基于这样的前提，课程研究的主体应是多元的。故此，当以课程理解范式来研究鄂伦春民族文化课程设计时，鄂伦春老人（无论是处于社会上层的知识分子、国家干部，还是普通的猎民）、鄂伦春中青年以及鄂伦春小孩、民族艺术馆工作人员、其他民族的学生、学生家长、教研员、教育专家、课程专家、校长、教师以及当地政府的干部等，这些人由于其人生经历的不同从而对鄂伦春民族文化有不同的理解，当以课程理解范式来看鄂伦春民族文化时，鄂伦春民族文化在这些具有不同年龄、不同阅历、不同社会角色的研究主体的视域中是不同的，而恰恰是这些不同的理解，才完成了课程研究主体与鄂伦春文化的视域融合，从而在理解的视域中实现了鄂伦春民族文化的传承与创新。

（四）研究流程：从内到外与内外无别

课程开发范式与课程理解范式的研究流程也是迥然不同的。如前所述，由于课程开发范式的研究者共享着"内外有别"的信念，即只有教育专家、课程专家、校长以及教师才具有课程开发的权力，因此，课程开发范式往往遵循着"从内到外"的研究流程，即课程开发先要从课程内部着手，先要进行学校环境的分析，组织那些具有课程设计权力的研究者形成研究团队，然后通过这些人来设计基本的课程方案，在此基础之上再分别找一些本研究团队之外的人参与进来，不过这些人的观点只不过是已形成的课程方案的点缀而已。而课程理解范式由于强调对传统与权威的解构，因此，研究者们共享的是平等的信念，这样，课程研究自然无所谓从内到外，或者从外到内，而是从任何一点着手都可以，研究的起点要看具体的情况，研究的流程也是非线性的，要根据研究的情境、研究的进展来灵活生成研究的步骤。

以鄂伦春民族文化课程设计为例，课程开发范式的研究流程可以表述为：从鄂伦春民族学校着手，先对该学校进行学校环境的分析，看学校当中已有哪些关于鄂伦春民族文化方面的课程（既可以是显性课程，也可以是内隐课程），然后组织教育专家、课程专家、校长及相关教师（主要是教授鄂伦春民族文化课程的相关教师）组建鄂伦春民族文化课程开发的研究团队，通过这些人的智慧，通过这些人不断地讨论、对话，观点达成一致后形成鄂伦春民族文化课程的基本方案，然后请鄂伦春老人、学生家长等参与进来，鄂伦春老人和学生家长的观点以已形成的研究方案为准，补充方案当中的一些内容。而课程理解范式的研究流程是变化的，没有固定的研究原点，也没有绝对的研究终点，整个研究都是在不断地调整中生成的。我们在进行鄂伦春民族文化课程设计的时候，由于当时研究情境的限制，不可能先深入鄂伦春民族学校，因此，我们的研究是先从鄂伦春老人开始着手的，随着研究的深入，研究的问题不断出现，我们才逐渐把研究的田野具体放到了鄂伦春民族学校，由于内外无别，所以从哪儿开始鄂伦春民族文化课程设计都是一样的，不同的是诸多课程研究的参与者的独特观点与特殊理解。

最后，也是特别重要的一点是，课程开发范式与课程理解范式对课程研究的控制不同，课程开发范式由于有固定的研究问题可遵循，有专业的研究团队来探索，因此形成的课程方案往往被认为是科学的、权威的。此方案一旦形成，便主宰了课程设计的方向，由此可见课程开发范式具有很强的预设性，而课程理解范式由于没有经典的研究问题可遵循，研究团队成员构成的多元化，研究流程的非线性等，使整个课程研究都是在一个开发的动态中进行着。

通过课程开发范式与课程理解范式的对比，我们可以看到课程领域由原初的课程开发范式一统天下，经历了概念重建运动，从而走向课程理解范式是一种历史之必然，也是对当下实践场域中涌现出的问题的一个有力回应。基于此，我们不能不说本研究有助于从多维视角来理解课程设计，从而使课程设计更加合理,丰富了课程与教学理论的发展。

　　尽管本团队的研究人员已经对何谓人类学课程设计模式,人类学课程设计模式相对于传统课程设计模式有何不同,进行了一一解答,但对于这种课程设计模式究竟是什么,如何在课程设计过程中多元解读教育选择的意义,人类学课程设计模式下的具体教育教学形态是什么样的等问题一直存在着困惑。基于此,我们展开了进一步的研究。

第二节　研究问题

一、核心概念界定

(一) 无文字民族

　　对于像鄂伦春这样的民族是否是无文字民族,有人提出了疑问。因为在鄂伦春民族文化传承的过程中,新中国成立之后,鄂伦春族从山上游牧民族过渡到平原农耕劳作者之后,人类学者曾经根据国际音标,拼读了鄂伦春族的语言。那么,我们到底怎样理解无文字民族? 为此,我们提出以下观点[①]:

　　首先,该民族是否在其历史发展过程中创造了属于自己民族的文字符号,这种符号凝结着该民族的深层心理,它不但作为传承民族文化的工具,而且其本身也是民族文化中的一部分;

　　其次,创造的文字符号是否在本民族当中得到共享,只有本民族共享了这些符号的意义,并且在人们的日常生活实践中发挥了沟通、交流等作用,才可称为该民族具有自己的文字。

---

① 杨宏丽. 人类学课程设计模式的研究:以黑龙江省 X 鄂伦春民族学校为个案 [M]. 长春:东北师范大学出版社,2011:13—14.

以此作为判断的标准，我们认为，鄂伦春民族没有自己的文字。首先，鄂伦春这个民族在其历史发展过程中没有创造自己民族的文字符号，他们的交流是以鄂伦春语、手势、肢体动作等为凭借。1953年下山后，鄂伦春族开始使用汉语，并且用汉字来记载他们的所思所想，但作为凝结民族心理的本民族所独有的符号没有出现，因此在这个意义上我们认为鄂伦春民族没有自己的文字。另外，现在有些学者借助国际音标，采用人类学田野研究的方法，已经能够拼出来鄂伦春民族语言，而这些借用过来的国际音标则成为记载鄂伦春语的符号，那么能否说这些国际音标就是鄂伦春民族的文字呢？我们认为这些拼写鄂伦春语的国际音标仅仅是记载鄂伦春语的符号，它们并没有产生于鄂伦春人民的日常生活中，为鄂伦春人民所认同，也并没有在鄂伦春人民的日常生活中发挥作用，因此，它们不是鄂伦春民族的文字。

（二）教育选择

在本书当中，一个核心的概念就是教育选择，在此我们认为有必要对此概念进行进一步的解读。本书当中的教育选择并不是随意的，而是在人类学课程设计模式当中多元文化主体在以"传承和创新鄂伦春民族文化"的目的之下，而进行的以鄂伦春民族文化为内容的选择过程。其中进行教育选择的主体既有60岁及其以上的鄂伦春老人，也有三四十岁的鄂伦春中年人，还有正在读小学的鄂伦春学生；既有德高望重的鄂伦春民族学者、鄂伦春民族第一名大学生，鄂伦春民族的文化工作者，也有普通的鄂伦春村民；既有该地区唯一一所大学的课程专家，也有当地教育局主抓民族工作的相关人员，还有教研员、校长、教师、学生等；既有个案学校所在地区的副乡长，也有相关的政府人员、妇女主任等多元人员构成。

二、研究问题

以进一步探索人类学课程设计模式作为研究的重要缘由，本研究将研究问题概括为：

无文字民族文化传承中的教育选择过程是什么样的？

教育选择过程有哪些多元化的意义？

经历了教育选择后的具体结果如何？

为此，进一步细化研究问题为：

鄂伦春民族文化传承中的教育选择是否对所有鄂伦春民族文化进行了传承？

在对鄂伦春民族文化进行教育选择的过程中，教育选择者如何看待鄂伦春民族文化的地方性知识？

在对鄂伦春民族文化进行教育选择的过程中，教育选择者如何与传统鄂伦春民族文化进行视域融合而完成鄂伦春民族文化的创新？

非鄂伦春民族的教育选择者是如何解读鄂伦春民族文化的？这种他者的目光有何重要意义？

在对鄂伦春民族文化进行教育选择的过程中，教育选择者如何对待生活中的鄂伦春民族文化与教育世界下的民族文化传承？为此有什么重要原则？

在对鄂伦春民族文化进行教育选择的过程中，教育选择者如何对待鄂伦春的语言、故事、歌舞、桦皮艺术等多种文化之间的关系？

在对鄂伦春民族文化进行教育选择的过程中，教育选择者如何看待鄂伦春民族文化与鄂伦春旅游文化的关系？

在对鄂伦春民族文化进行教育选择的过程中，教育选择者如何看待教学过程中的预设与生成？

在对鄂伦春民族文化进行教育选择的过程中，意识形态的作用为何？

第三节 研 究 方 法

本研究是一项长期的田野研究，在研究的总体策略上属于民族志研究。具体而言，采用了文献法、访谈、文本分析、图片诱导法、生活史调查。本研究搜集了大量的有关无文字民族文化及其教育方面的各类文献，其中包括著作、博士论文、硕士论文、各种学术论文等。在田野研究中，在和各个参与者建立了充分的信任关系之后，我们主要以访谈作为主要的研究方法，通过访谈来打开教育选择者的心扉，在富有情景性的对话之中来阐释教育选择者对鄂伦春民族文化进行教育选择中的多元意义以及选择后的具体教育概貌。田野研究中我们还收集了鄂伦春民族文化教学教师的论文、教学设计、鄂伦春民族乡的乡志、有关鄂伦春民族文化的工作文件、报纸等。由于鄂伦春民族是一个只有语言没有文字的民族，因此为了激发教育选择者的文化觉醒，我们采用了图片诱导法，即通过将有关鄂伦春民族文化的图片呈现给各个参与者，以此激发其对民族文化的回忆，并在回忆基础上进一步完成鄂伦春民族文化教育选择的过程。如前所述，由于教育选择者的多元身份，因此在本研究中还采用了生活史调查的具体方法。

第二章

个 案 深 描

本研究以鄂伦春民族为个案。在我国，和鄂伦春族一样有语言无文字的民族共有二十多个，因此作为具有共同文化特性的一个民族，鄂伦春族成为本研究的典型个案。本章主要介绍鄂伦春族的由来、不同历史时期的鄂伦春族、鄂伦春族文化现状。

第一节 鄂伦春族的由来

中国有语言无文字的民族文化受到了世界很多国家、机构的关注。2006年7月14日—8月2日，由瑞典出资的中国少数民族教师培训活动在中国哈尔滨举办，鄂伦春族是其重点关注的一个民族。有幸的是本研究团队的核心成员——杨宏丽全程参加了此次培训活动，并在培训过程中收集到了大量的有价值的一手资料。在培训期间，鄂伦春民族人类学家韩有峰教授专门就鄂伦春族的族源、族称、人口与分布等相关情况进行了翔实的阐述。

一、族 源

从目前看，主要有两种说法，一种是肃慎说，一种是东湖说。咱们黑龙江，包括古代，主要有三个民族：一个是黑龙江上游，贝加尔湖大草原的东湖族，还有就是在黑龙江上游的，叫室韦，后期成为蒙古族；一个是濊貊系，在松花江上游到鸭绿江流域，到东南为止，后来成为高句丽等民族；还有一个肃慎，在黑龙江下游，松花江，一直到乌苏里江，肃慎经过社会变迁，发展成为靺鞨、女真、满族等民族。鄂伦春和东湖系，尤其是肃慎关系密切。鄂伦春主要属于靺鞨系；还有就是东湖的室韦，室韦有很多部落，其中一个是来自波斯威，语言近似波斯威，鄂伦春的生活地点以及生活特点，像打猎用桦树皮制品、骑漠而行等和波斯威相近。但是，蒙古族、达斡尔族原先都是在打猎，骑漠而行不是鄂伦春独有的，其他的民族都有这样的特点，因此，排除鄂伦春来自波斯威。原本认为鄂伦春是室韦，现在认为是肃慎，我的理由就是在于语言和习俗。肃慎经历了一系列的发展过程，经过靺鞨、女真，发展到满族。语言是经过几万年，几十万年的漫长过程形成的，不会很快发生变化，但生活方式则容易发生变化。比如说，鄂伦春族由上山打猎到平原种地，发生得很快。鄂伦春语言和满族语言基本相似，两种语言的表达方式、语气基本相似，鄂温克、赫哲、锡伯和满语基本相通，我和鄂温克民族基本可以交流。现在多数学者都认为鄂伦春属于肃慎系。

二、族　称

族称就是鄂伦春是什么意思，关于族称一个说法就是"驯鹿的人"，但据历史记载，鄂伦春族曾经饲养过驯鹿，后来为什么不养了呢？因为鄂伦春曾逐渐南迁。原先住的地方很少长草，有苔藓，驯鹿专吃苔藓，后来到黑龙江南岸后就不养驯鹿了。我问过老人，以前是否养过"四不像"？有的说听过，不过是很早以前的事了。有的说没听过。现在据文字记载，尤其是鄂伦春学者说养过驯鹿，"奥仁迁"即"驯鹿的人"。

还有一说，即鄂伦春是"住在山上的人"。现在主要是这个说法，还有别的说法，即"奥仁"是归顺、归降的意思。鄂伦春族就是归顺的人们，归顺于满族了。这种看法多数学者也不赞成。

真正把鄂伦春统称的是1958年，调查的时候鄂伦春有很多称呼，到底属于哪个民族就开始考察。俄罗斯称为"奥仁迁"。1958年统称为"鄂伦春"，"希乐"本来是鄂伦春族，后来沿着黑龙江走过去，成为赫哲族。"撒旦"是日本学者称的，在库页岛的鄂伦春族，从鄂伦春族的历史看，他们始终生活在黑龙江流域，黑龙江南岸比较温暖，黑龙江北岸比较冷，一到夏天，鄂伦春就到江北，一个是因为凉爽，再一个是因为猎物多，到秋天封江之前或结冰之后到黑龙江南岸。俄罗斯的鄂伦春族可能比我们都多，一万八千多人，将近两万人，他们和鄂温克统称为"阿伊温得意"。苏联的一个院士曾经到黑龙江来考察，来到会议室专门看我，说"比拉迁"，后来他反问我："为什么中国要分为鄂温克和鄂伦春？"他说我们统称为"阿伊温得意"。但他们也有区分，养鹿的"阿伊温得意"和骑马的"阿伊温得意"，他们靠北冰洋的鄂伦春族基本上养鹿，叫养鹿的"阿伊温得意"，也有骑马打猎的，叫骑马的"阿伊温得意"。

三、人口和分布

从世界范围讲，鄂伦春族从古至今分布非常辽阔，整个黑龙江流域到库页岛，从历史上看，贝加尔湖，到黑龙江、库页岛，整个这一带基本上是通古斯民族，这是外国学者称的，其中鄂伦春祖祖辈辈都在这里。外蒙古有少部分，主要集中在黑龙江对岸，"得漪"河，后来称为"基亚河"，基亚河上游到海参崴，离黑龙江三四百里的山顶上，逊克、嘉荫的牛满江，鄂伦春称其为"比拉"，过去鄂伦春都在"比拉"生活。目前主要在"比拉"这一带，还有一部分散居在库页岛。俄罗斯学者对其有各种称呼，但鄂伦春称族自己为"奥仁迁"。

鄂伦春族在中国主要分布在内蒙古、黑龙江，即大兴安岭、小兴安岭地区。黑河、伊春位于小兴安岭境内，内蒙古、嘉荫主要位于大兴安岭地区，在内蒙古主要分布在鄂伦春旗，黑龙江主要分布在塔河、呼玛、逊克、嘉荫一带。

19世纪90年代，据有些官方数字显示，鄂伦春一共有一万八千多人。后来到20世纪初，才二十几年的时间，人口降到四千多。20世纪30

年代统计，有三千八百多人，到1953年统计，也就是第一次人口普查，有2 226人。就一百年的历史，鄂伦春人口下降幅度如此之大，所以学者讨论鄂伦春族已经濒临灭亡。从1953年开始，鄂伦春人口开始上升，2000年鄂伦春人口达到8 196人，黑龙江是4 186人，内蒙古是3 800多人，其他的为散居。

鄂伦春人口在新中国成立以前为何急剧下降？19世纪末至20世纪20年代，第一部分鄂伦春族，主要在内蒙古，受到俄罗斯及清朝统治者任意屠杀。有一部分鄂伦春人一共40多户在边境生活、放牧，后来这部分人突然消失了，哪里去了？后来发现他们居住的地方变成了废墟，在废墟的地方发现了人骨，这40多户全部被杀掉。俄罗斯有个叫部里亚特的人，走到这里被挡住了，他为了南迁，一夜间把40多户200来口人全部杀掉。嘉荫有个沟叫wakʃanbalaxaan，意思是"被杀害的小孩"。那个山沟凉快，夏天人们都去那里避暑。有一年打了很多鹿茸，"安达"（商人）去了之后，看到这么多鹿茸就把那些人全杀了，一共杀了二十几个，就一个老头因出去吃饭而幸免，没被杀害，几乎一个部落就没了。老头通风报信之后，其他的鄂伦春都组织起来追这些商人，一直追到鹤岗，他们不敢进鹤岗，在各个路口等着。日本时候把40多鄂伦春人一把火都烧掉，就这样任意屠杀。

鄂伦春人少且弱，没办法，只能躲避，到山上、树林茂盛的地方。原来鄂伦春人在江边生活，鄂伦春最初都是开荒种地的，都在黑龙江沿岸，有六七十年，七八十年的历史，除了军人，少部分达斡尔，就是鄂伦春人。鄂伦春旗是1952年建的，共778人，达斡尔、鄂温克有几个，一个汉族都没有，现在一共39万人口，鄂伦春3 800多口。鄂伦春人能骑善战，历代统治者都利用这个，鄂伦春人基本上都当兵，男女老少都上战场，从古代到新中国成立前鄂伦春人一直是当兵打仗的状态，这就得死人。

清朝乾隆年间，新疆准噶尔叛乱，后从黑龙江选派远征军，其中鄂伦春去了800人，还有达斡尔、鄂温克，回来时只有8人，类似这样的多了，所以鄂伦春人虽少，但征战足迹遍布各地，新疆、台湾都有。这是一个原因。

再一个瘟疫、医疗条件差。哪有药啊，就是简单的虫草药都没有，所以就只能跳大神，只能求上帝、神仙保佑。当时有一种病叫做"黄病"，眼看着人脸就变黄了，眼也黄了，人就死了，抬出去之后，回来的人又死了。

再一个生活习惯酗酒是民族的一大害，凡是喝大酒的就没有长寿的，最多活到四五十岁。

再一个近期有些政策也促成了思想的波动，"文化大革命"是个大灾难，鄂伦春有头有脸的就是反动派，原来民委来了，鄂伦春骑马到很远的地方接，说共产党来了。"文革"后感情就淡了，从那以后鄂伦春都消沉，开始酗酒，有的失望，有的自杀，情况很多，觉得活着没意思。

目前的状况是发生了翻天覆地的变化，这是纵向比较。但是和其他民族、其他地区比较还不行，人均收入低，目前讲，尤其大兴安岭地区白银那主产业还没确定，这是个大问题。再一个人的素质低，一个是文化素质，一个是身体素质。别看咱们普及了小学、初中，但实际没达到初中。结核病发病率很高，现在反弹，这很严重。再一个心血管病、高血压、冠心病等都需解决。

说实在的，鄂伦春落后主要是在教育，随着教育的发展，人的素质必然提高，现在咱们鄂伦春的落后意识还是根深蒂固，文化提高了，其他问题基本解决了，所以应把下一代教育好，文化上去了，其他也就上去了，教育上不去，就没有希望。

第二节 历史视域下的鄂伦春族

通过鄂伦春人类学者韩有峰老师的口述，我们对于鄂伦春族有个基本的了解，并且在其声情并茂的讲述中，能够体会到一位民族学者对于本民族文化的深深热爱！为了进一步系统考证鄂伦春民族在历史长河中的印记，我们以时间为脉络，进一步探究历史视域下鄂伦春族及其文化：①

鄂伦春族有记载的历史，可追溯到元朝。从15世纪起，明朝奴儿干都指挥使司所设的卜鲁丹河卫、古里河卫、脱木河卫、依木河卫，分别管辖着黑龙江以北的广大鄂伦春族地区。17世纪初，清朝统一全国以前，多次往征索伦部，到顺治元年（1644年），"黑龙江全境索伦诸部，皆称臣妾"（《朔方备乘》卷二），当时鄂伦春族隶属索伦部。

一、清朝时期

从17世纪40年代起，沙皇俄国开始侵略我国黑龙江流域广大地区，对鄂伦春族不断骚扰，迫使鄂伦春族同侵略者进行坚决斗争，之后被迫逐渐迁移到黑龙江南岸。康熙二十二年（1683年）设立黑龙江将军，专管黑龙江地区。在黑龙江将军下设立八城，号八部落，亦曰"八围"，鄂伦春族隶属八城之一的布特哈总管衙门。

清廷对鄂伦春族统治的办法是："其隶布特哈八旗为官兵者，谓之摩凌阿鄂伦春，其散处山野仅以纳貂为役者，谓之雅发罕鄂伦春。雅发罕鄂伦春有布特哈官五员分治，三岁一易，号曰谙达，谙达岁以征貂至其境，其人先期毕来，奉命维谨，过此则深居，不可纵迹矣。"（《朔方备乘》卷二）摩凌阿（骑马者）即被编入八旗充当骑兵的鄂伦春人，雅发罕（步行者）即广大猎户，这两部分人均受布特哈总管衙门管辖。

同治十年（1871年），根据黑龙江将军特普饮奏请，于内兴安岭内外划分五路，以备调用：库玛尔河流域为库玛尔路，设佐领三；阿里河流域为阿里路，多普库尔河流域为多普库尔路，两路人稀事简，合设佐领一；托河流域为托河路，设佐领一；毕拉尔河流域为毕拉尔路，设佐领二。前四路属西布特哈，后一路属东布特哈。此为五路设置之始，阿里、多普库

---

① http://www.uighuronline.cn/bbs/dispbbs.asp?boardID=14&ID=887.

尔、托河三路在今鄂伦春旗区划之内。编入路、佐后，每个成年男人都要承担服兵役和贡貂两大义务。

光绪元年（1875年），将军丰申奏挑枪队500人，每年3月间调集内兴安岭旺山一带操演四十日，（牛高）赏布匹银两遣归。光绪六年（1880年），将军定安奏，增挑枪队500人，合计千人，岁由将军派协领一员，会同布特哈总管，届时查操。

路、佐建立后，"各路虽有佐领，而无俸饷，仍同虚设，凡事受制于谙达"，"所捕貂皮，辄为谙达诸人，以微物易去，肆意欺凌，不啻奴畜"。当时任库玛尔路骁骑校的鄂伦春族烈钦泰，挺身而出，联合各路鄂伦春人，要求黑龙江将军文绪奏请撤销布特哈总管衙门。文绪于光绪八年（1882年）奏撤布特哈总管衙门，另立部落，以安生业。光绪十年（1884年）开始建立兴安城，"勘定岭右喀勒塔尔奇站（即四站）迤东十八里之太平湾（五路适中之地）为兴安城址，是冬，各衙署成，遂迁居焉"。兴安城设副都统衔总管一人，副总管十人，其中满族副总管二人，鄂伦春副总管八人。兴安城存在十几年。光绪十九年（1893年），将军依克唐阿以"建城专治，事无实效"而奏裁了兴安城。

兴安城撤销后，"改设协领四员，分城经理"（《黑龙江志稿》卷四十三）。库玛尔路设镶黄、正白、正蓝、镶白四旗八佐，添设协领一员；毕拉尔路设正黄、正红二旗四佐，添设协领一员。该两路归爱辉副都统管辖。阿里、多普库尔两路合并，设镶红一旗二佐，添设协领一员，归墨尔根副都统管辖。托河路设镶蓝一旗二佐，添设协领一员，归呼伦贝尔副都统管辖。光绪三十二年（1906年），为加强管理鄂伦春族，各路设立协领衙门。这一时期，阿里多普库尔路和托河路属今鄂伦春旗区划之内。

在清朝统治时期，鄂伦春族对沙皇俄国侵略军队对黑龙江流域的侵略奋起反抗；在平定准噶尔部分裂叛乱势力的斗争中，也尽了自己的力量。鄂伦春族在保卫祖国的斗争中，涌现了一些著名的历史人物，如"摩凌阿"鄂伦春人阿穆勒塔，英勇善战，屡建功勋，因为"从征台湾、廓尔喀皆有功"，而官至总管，加副都统衔，成为名噪一时的人物。

二、民国时期

民国后，黑龙江改设行省，并开始分设县制。但是，鄂伦春族的统治机构并没有合并到县制里去，而是沿袭了清朝四路八旗十六佐的旧制。路、旗、佐同县并存，但不受县领导。鄂伦春族不论到哪个县界去打猎，都是归其所属的路、佐领导。这时鄂伦春族的隶属关系是：黑龙江省旗务处管辖库玛尔路、毕拉尔路和阿里多普库尔路，呼伦贝尔副都统管辖托河路。彼时，由于沙皇俄国对我林、矿的侵夺和国内谙达、商人的剥削，鄂伦春族的生活日益贫困，为了逃避债务，匿居深山，有的人在沙俄的利诱下逃往俄境。北洋军阀统治者鉴于这种情况，提出"收抚"鄂伦春族，加强对鄂伦春族的管理，并把他们编为保卫团和山林游击队，利用他们巡山打仗，对付沙俄势力的侵入。鄂伦春族为保卫祖国边疆作出了贡献。

三、东北沦陷时期

"9·18"事变后，日本帝国主义侵占黑龙江省并组织伪政权，并于1933年将库玛尔路、毕拉尔路、阿里多普库尔路划归黑龙江省民政厅蒙旗科管辖，托河路仍归呼伦贝尔副都统管辖。1934年东北地区划为14个省后，黑河省管辖库玛尔路和毕拉尔路，兴安东省管辖阿里多普库尔路，兴安北省管辖托河路。同年七月底废除"八旗制"，名义上保留了路、佐制度，但协领和佐领已是毫无职权的傀儡，日本特务机关派到各地的所谓"指导官"才是鄂伦春人的直接统治者。日伪对其采取的所谓指导方针是："不开化其文化，持续其原始生活；不使其归农，当特殊民族实行隔离；构成其独立生活道路，排除其依存生活习惯"等。日本侵略者为了对付抗日联军和苏联，把鄂伦春族青壮年编为山林队，在经济上实行"统制"和"配给制"。猎品要卖给"满洲畜产株式会社"，粮食和布匹等由他们定量供给。日本帝国主义的压迫和剥削，引起鄂伦春族的不断反抗，从自发地打击侵略者到自觉地参加抗日联军,鄂伦春族为抗日战争的胜利作出了自己的贡献。

1941年7月,东北抗日联军三支队进入大兴安岭原始森林,向以盖山为部落头领的鄂伦春族宣传抗日救国方针。盖山欣然接受,并与部落内的其他人与抗联领导人王明贵、陈雷结拜为抗日救国的义兄弟。此后,三支队在鄂伦春人的帮助下,多次打击日本侵略军,并安然转移。

四、解放战争时期

日本投降以后,在中国共产党领导下,东北解放区及时开展了清算斗争和土地改革运动,一些日伪残余和恶霸地主为了逃避运动,纷纷窜到大兴安岭地区进行反动宣传,曾迷惑了一部分鄂伦春族群众。但是,在党的宣传教育下,他们很快就觉悟过来,同民主联军一起来消灭敌人。到1948年,鄂伦春族地区剿灭了全部敌人,获得了解放。

新中国成立之初,中国共产党的工作人员和人民军队的指战员,每到鄂伦春族一个新的地区开展工作,都认真宣传党的民族政策,按照民族政策办事,尊重他们的风俗习惯,赢得了鄂伦春族人民的拥护和信任。党的各级领导,把靠近党的积极分子团结在自己的周围,依靠他们进行工作,同时对民族上层人物也作了适当的安排,并在工作中信任和尊重他们。各民族干部团结一致,积极进行民主建政工作,建立了人民政府,废除民族压迫制度,实现民族平等,吸收鄂伦春族干部参加人民政权;还注意帮助鄂伦春族人民解决生产和生活中的困难,发给猎用的枪支、弹药及生活上急需的粮食、布疋等,并帮助他们建立供销合作社,用合理的价格收购猎品,供货商品;还派医疗队到猎民点进行巡回医疗;帮助建立小学,吸收鄂伦春族儿童入学。

五、中华人民共和国成立以后

1949年中华人民共和国成立时，鄂伦春族尚处于原始社会末期地域公社阶段。经过几十年的建设与发展，鄂伦春族社会发生了历史性的巨大变化，跨越几个社会发展阶段，进入社会主义社会。

第一，根据中国共产党的各民族一律平等，在少数民族聚居区实行民族区域自治的政策，1951年10月1日，鄂伦春自治旗成立，在布特哈旗南木鄂伦春民族乡成立，从此，鄂伦春族有了当家作主、管理本民族内部事务的权利。

第二，培养了大批鄂伦春族干部。鄂伦春自治旗的旗委书记、旗长、人大常委会主任、旗政协主席，都由鄂伦春族干部担任。自治区和全国人民代表大会和政协中也有鄂伦春族代表和委员。

第三，从游猎状态迅速实现定居。鄂伦春族解放前分散在几十个点上游猎，到1958年，在7个点上定居下来，1981年建旗30周年时，猎民村又全部新建了砖瓦结构的房屋。

第四，经过社会变革，由原始社会末期直接过渡到社会主义。根据鄂伦春族解放前仍保有较浓厚的原始公社残余，尚未形成阶级社会的情况，没有在鄂伦春族地区进行民主改革，而是逐步改变旧的生产关系和落后的生活习俗，完成了必要的社会改革，并且使生产得到很大发展。

第五，由单一的游猎经济改变为发展多种经济，生活得到很大改善。

第六，文化教育卫生事业得到蓬勃发展。

鄂伦春族四十多年的发展并不是一帆风顺的。1958年建立人民公社后，曾受到"左"倾的干扰。"文化大革命"期间，民族政策遭到破坏，民族干部遭到批斗，民族团结遭到破坏，经济、文化建设发展缓慢。1978年以后，鄂伦春族才得到了新的发展，在党的改革、开放方针的指引下，正在为实现四个现代化而努力奋斗。

第三节　鄂伦春民族文化现状

在田野研究中，我们深切感到：鄂伦春民族文化濒危是一个不争的事实。对于鄂伦春民族文化濒危的事实，国家政府已经采取了一些措施，激励抢救，对此问题，X 鄂伦春民族学校所在乡的副乡长讲道：

现在从中央到地方对鄂伦春民族文化挺重视，濒危文化。首先从语言，定居之后缺少语言环境，就是说鄂伦春族和汉族、其他民族通婚，生的孩子，就是下一代，受的是汉族式的教育。开的课本课程，虽然每周有两节民族语言课，比如学生放学回到家后没有语言环境，而且会鄂伦春话的老人，70 岁以上的老人基本上都已经过世了，像我们这样 40 岁以下的会鄂伦春话的非常少。再一个鄂伦春民族语言没有文字，就是说可考的史料、可记载的文字资料非常少，所以濒危是一种必然的趋势。但是从中央到地方，各级政府对鄂伦春语言，包括濒危文化都非常重视，尽力挖掘和抢救。咱们建立一个展览馆，一些图片、实物、标本得以保存，就是说都在尽力抢救这些濒危文化。咱省里那个韩老师就是成立民族研究会后，根据这个国际音标出版了一套上下册的教材。国际音标毕竟不是那么太准，是不是？让英语教师按照国际音标发音教授咱们这个鄂伦春语言课也行，但是咱鄂伦春语言是地方方言。像内蒙有方言，加格达奇有方言——有方言，都不一样。你比如说同样一个词汇，搁另一个地方是另一种，有时候都听不懂，你知道吧，就是有方言。像这个统一的标准教材，只能说从某种程度上来挽救这个濒危的语言。语言流失是个必然的趋势，主要是没有语言环境。特别是这个与其他民族通婚的，如果是本民族内部通婚，不可取。鄂伦春就这么几个大主姓。有几个姓都是有亲属的，是不能通婚的，通婚对下一代不好。所以说跟汉族接触也多，跟其他民族通婚的多。现在基本就是——，你看我吧，我要不说是鄂伦春，就是汉族。是吧？呵呵。

鄂伦春民族文化由于只有语言没有文字，并且鄂伦春民族的文化由于生态环境的变化（从山上游牧文化过渡到平原农耕文化）促使其文化在历史的冲击下发生一种断裂。在以汉民族文化为主流文化的冲击之下，鄂伦春民族文化严重濒危。

一、走向消亡：势不可当的趋势[①]

一种文化的延续是以一定的环境为依托的，当鄂伦春民族从山上迁徙到平原，鄂伦春民族的渔猎文化便随之走向了消亡。在与其他民族，尤其是汉族的融合中，鄂伦春民族文化严重汉化，自然消亡成为一种历史的趋势。

鄂伦春老人在经历了山上的渔猎生活和下山后的农耕生活后，深感鄂伦春文化消亡的历史趋势。对此，鄂伦春族的第一名大学生讲道：

现在这个民族融合、民族大同的进程也挺快的，鄂伦春民族被汉化了，其他少数民族恐怕也是这种情况。不光是咱们，五十多个少数民族嘛！大的民族也是，壮族三千多万，像蒙族、藏族，这些比较大的民族，都是人口超过一百万、几百万以上的民族，我觉得他们那个语言还是以汉族为主。人口多的民族语言环境好，是不是？他能保持民族语言啊。但这个人口少的少数民族就难啦！（访谈 H 老人）

鄂伦春民族和其他民族，尤其是和汉族通婚，和汉族交往，这促使鄂伦春民族被严重汉化。

因为当时我父母和汉族关系非常密切，经常上村屯交往，交往比较多。亲戚朋友都和汉族拉上关系，还有通婚，有的鄂伦春族姑娘嫁给汉族，鄂伦春族又找汉族姑爷。所以说民族语言融合是历史发展趋势，但是应该保持民族特色，包括鄂族在内，怎样保持它的民族特色，这是很重要的，先把民族语言课程搞下去。（访谈 H 老人）

另一位鄂伦春老人从历史发展的角度认为鄂伦春民族文化必然走向自

[①] 杨宏丽. 人类学课程设计模式的研究：以黑龙江省 X 鄂伦春民族学校为个案 [M]. 长春：东北师范大学出版社，2011：92—97.

然消亡。

唉呀，历史，那是谁说的，阶级消亡，国家消亡，最后是民族消亡。民族消亡是迟早的事，咱们有些弱小的、人口稀少的民族，他这个语言、艺术、民族文化文字可能消亡得就快，这个消亡是自然消亡，不是人为地让他消亡，不像日本鬼子似的强行推行他那个日本话。咱这是自然消亡，自然消亡也是正常的事。我说的不一定对，早晚要消亡。（访谈M老人）

鄂伦春老人S现已退休，曾经做过民族文化研究工作。她深感自己本民族的文化越来越淡是一种趋势，并且感到传承民族文化困难重重。

Y：您认为目前鄂伦春民族文化处于一种什么状态？有没有必要把鄂伦春民族文化传承下来？

S：实际上，好的应该传下来，但是现在看来，越来越淡是一种趋势，要想真正传下来比较难。

对于鄂伦春民族文化传承的困难，S老人作了全面的分析：

首先，会语言的人越来越少，X乡还强一些，不过年轻人也不会，只有老人会说。十八站、白银那①那边还可以，但年轻人不行，尤其对自己文化都不懂，民歌都不会。再一个就是环境，大氛围很重要，可是现在鄂伦春人不集中，一个村子里可能就几百人，现在一般都是"团结户"，纯种的鄂伦春家庭几乎没有，因此没有一个相应的环境，很难。（访谈S）

鄂伦春老人Z老师曾是X鄂伦春民族学校的第一位鄂伦春语言教师。她认为鄂伦春民族文化濒临消亡是一种趋势，并且认为禁猎、各种法律成为鄂伦春文化进一步传承的绊脚石。

Y：因为您姥姥是鄂伦春人，您也是鄂伦春人。鄂伦春文化它可能包括很多方面，不仅仅是语言，鄂伦春民族创造了那么多东西。那么，您认为鄂伦春文化现在处于一种什么状态呢？

Z：我觉得好像不是面临灭绝也是够呛了吧。有很多东西，比如说皮制的物品，因为禁猎了，也有动物保护法了，你不打动物，这些皮制物品

---

① 十八站、白银那是地名，是鄂伦春人民比较集中的地方。

肯定以后就没了。桦皮制品，森林也有保护法啊！你不能随便去剥桦树皮，原来我们在山里就是用这些东西，吃兽肉，穿兽皮，用树皮做些器皿、餐具，除了锅之外都得用桦皮做，针线盒、提水的，采集东西的，盛放米面的，都是。（访谈Z老师）

　　Z老师在经历了"文革"等社会历程之后，在现代社会之下，受现代社会的影响，她在自己的日常生活中对自己民族的文化也无力珍视。

　　Y：其他的民族文化你觉得处于什么样的状态呢？

　　Z：你看我们的风俗习惯也都大众化了。因为一家人里有两个民族，我家爱人他是满族。如果我们都是鄂伦春族，肯定我们习惯都一样，怎么样祭祖等风俗，一定都一样。像我俩，他们满族不吃狗肉，我们鄂族人也不吃狗肉马肉。这一点是一样的，不吃狗肉。像祭祖的风俗，满族人也很讲究，但是我们鄂伦春人就淡忘了，因为我们的老人不在了。"文革"期间都不让，我们鄂族人用木制的什么的，汉族人叫牌位，"文革"期间，都该扔的扔了，该烧的烧了。现在就大众化了，你就看电视上什么样的，就随着汉族人，就这样的，也不注意自己的什么民族习惯、传统了，这些也不在乎了。因为社会在发展，人们的思想也在改变。首先就是不让打猎了，我们原先打猎就是为了自己吃穿。有些动物不该打的，像熊，万一碰上了，打了怎么办呢？还得向它求饶、磕头、上供。现在人家野生动物都受保护了，人家不让你打了，再说枪也不给你了，你都不用祭这些了。（访谈Z老师）

　　鄂伦春青年B认为鄂伦春民族文化濒临灭绝，并且在阐述了语言濒危之后，又对鄂伦春民族歌舞、鄂伦春民族游戏等文化现象逐一进行了分析。

　　在民间歌舞方面，可以说是……现在咱们X乡真正会民族舞蹈的人不太多，咱们爱辉①区有个Mh，她对民族歌舞挺擅长的，但就是说咱们X乡本地吧，也就这几个老人会鄂伦春歌舞。要是她们也走了，到我们这

---

① 爱辉是黑河市下属的一个行政区。

辈，根本就没人会，最终会灭绝。

说到此处，我看到 B 的眼神里流露出更多的无奈。

从我记事开始，我就没看见过传统的体育项目，在我的村子里，没有人会，我也是听老辈人说过，说他们小时候做过哪些体育项目，但从来没有亲眼看见过这些体育项目怎么进行的，没有，从来没有。（访谈 B）

作为 X 鄂伦春民族学校的主任，鄂伦春青年 J 老师深切地表达了鄂伦春文化亟待抢救的迫切性。

Y：你认为鄂伦春民族文化目前处于什么样的状态？

J：咱们鄂伦春族文化处于现在这个时代，按现在说，就处在一个紧要关头，不能说濒临灭绝吧，也基本是亟待抢救的时期，包括鄂伦春民族语言、风俗、文化、历史，都亟待抢救，亟待发展！（访谈 J）

作为 X 鄂伦春民族学校鄂伦春语言课的教师，鄂伦春青年 Y2 认为相对于学校的先进设施而言，鄂伦春民族文化的传承是落伍的。若不及时采取措施，鄂伦春民族文化就会渐渐地无人可知了。

Y：据你了解，现在咱们鄂伦春民族文化处于一种什么状态？

Y2：就是比较落后。就说现在的学校，这些设施感觉挺先进的，但我觉得在知识方面，特别民族史，尤其是鄂伦春民族史还是比较落伍的。老人会的那些知识，会说的那些话，我们也很少去学，渐渐地我们现在说汉话比较多了。其实我觉得在未来的几年，我们再不去教孩子，孩子再不学，就会失传。就连我们鄂伦春语言，民族史都不知道！我觉得这是非常重要的一件事。（访谈 Y2）

当问及"既然你觉得民族文化好多东西是落后的，你觉得有必要让他们知道吗"时，Y2 老师作了如下回答：

桦皮制品，还有祖先们打猎的那些事，都应该让他们了解。我们了解的就是一少部分，对孩子来说，这些他们可能根本就不知道。因为现在老人都比较疼孙子，都不给孩子讲那些民族史来教育孩子，也不跟孩子说这些，但我们那时候父母能讲一些。可是，我们知道的毕竟少，我们可以告诉自己的孩子，但时间久了，我们也会忘，等到我们下一代，或者下下一

代，那就更是无人可知了。我就希望时不时地来个老人给孩子们上上课，给我们上课都是有必要的。（访谈 Y2）

其他的鄂伦春青年也表达了相同的想法：鄂伦春民族文化马上要失传。

Y：您认为目前我们的鄂伦春民族文化处于一种什么状态？

Gh：马上就要失传，再有十年八年不抓就完了，那就光有这个民族，民族只是个符号，而没有这个民族的东西了。（访谈 Gh）

Y：就目前来说，您认为鄂伦春民族文化处于什么状态？

Dy：我感觉风俗习惯随着社会发展慢慢地就没有了，记者到我们这里采访，年轻人什么也问不出来，只能采访老人。（访谈 Dy）

X 鄂伦春民族学校的校长虽然是汉族，但是她的丈夫是鄂伦春族，这样组成的家庭，他们称为"团结户"。Z 校长从学校发展的角度认为，必须对鄂伦春民族文化进一步研究、开拓，否则就大众化了，体现不出民族的特色；另外，从家庭教育这个角度，Z 校长认为家庭缺少相关教育，鄂伦春民族文化处于瘫痪状态。

Y：那就您所了解的，因为您家是团结户嘛，然后您还是这样一个民族学校的校长，您对鄂伦春民族文化怎么看呢？认为目前这种文化处于一种什么状态呢？

Z：现在从民族文化这块来谈呢，就是说，我感觉从研究方面，开拓这方面，应该继续下去，要不就大众化了，体现不出来这个民族的特点。既然是鄂伦春民族乡，有民族的特色，就得有民族的特点，首先就得把民族的语言开展起来。怎么样开展？就得多方面查找资料，多方面请教。学校为了挽救这个民族的语言就得想方设法，开设这门课程，想尽一切办法，挽救这个民族的语言，因为它马上就要失传了。

Y：从个人角度来看，因为您家是"团结户"嘛，可能对这个民族文化有一定的了解，咱们的鄂伦春民族文化是一种什么状态？

Z：它就等于是瘫痪了，家庭是"团结户"，回家也不讲这种语言。一个人讲，另一个人也听不明白，你跟孩子说，孩子更不明白了！（访谈

Z 校长）

  课程专家 U 老师认为，鄂伦春文化是一种落后的文化，已经无法跟上时代的潮流，从而便慢慢失传成为一种必然，这是时代选择的结果。

  Y：我觉得您的家庭对您的影响可能很大，尤其是您父亲做过鄂伦春人民的工作，您对鄂伦春民族文化了解的可能比较多，那您认为目前鄂伦春民族文化处于什么状态呢？

  U：反正现在呢，鄂伦春人民渐渐地被汉化了，他们生活在被汉族所包围的环境当中，语言、生活习惯，渐渐地都学着汉族来做。以前的衣服都是袍皮大衣，冬天就穿袍皮大衣，很暖和。他们那个靴子叫奇科密，都是狍子小腿编的，很好。但现在就麻烦了，现在要是那样穿出来走在大街上，别人就会另眼相看了，就是在屯子里也没有没有人会做了。所以说，随着现代社会的变迁，这些东西和现在的东西差距大了，你说现在再穿那种大袍，干活也麻烦，还是穿汉族这种衣裳，衣服裤子都分着的，还比较方便。另外也都不愿意做了，现在都是现成的，不像过去都得自己编织，有先进的东西就不用落后的、笨重的东西了，所以这样的话，鄂伦春民族文化慢慢就失传了。（访谈 U 老师）

二、文化身份的缺失：他们和汉族没啥区别[①]

  若想把鄂伦春民族文化传承下来，年轻一代如果没有传承意识，那只能是一句空话。但是，就我们的研究来看，学校里的鄂伦春学生对自己本民族的文化已经无所了解，对此鄂伦春老人、鄂伦春中年人、青年人、X 鄂伦春民族学校的校长、X 鄂伦春民族学校的汉族教师表达了如下的观点：

  谈及此问题时，某鄂伦春老人非常气愤。

  Y：鄂伦春民族文化它可能包括语言、说唱、歌、舞、手工艺品等很

---

① 杨宏丽. 人类学课程设计模式的研究：以黑龙江省 X 鄂伦春民族学校为个案 [M]. 长春：东北师范大学出版社，2011：97—100.

多方面，那您觉得它们现在处于一种什么样的状态呢？

F：他们现在啥也不会！

Y：他们现在啥也不会？！

F：嗯，基本上就没几个人懂了。

Y：所以您说假设咱们开这个课的话，最后培养出来的孩子是什么样的呢？是对鄂伦春民族文化简单了解，还是在心理上觉得我是这个民族的，我很骄傲呢？最后能达到一个什么目的呢？您认为应该达到一个什么目的呢？

F：他们啊，谁知道呢！他们是跟汉族一样，没什么区别。（访谈F）

另一位鄂伦春老人不解为什么现在的年轻人都不爱好鄂伦春歌舞了，并且承认好多鄂伦春歌舞、故事自己都忘了。

Y：那您说咱们这个民族，因为咱们在山上的时候有那样的生活，创造过好多灿烂的文化，就是当时讲的莫斯昆、唱歌、跳舞啊，很多人都会的。那您觉得现在咱这个鄂伦春族民族文化，是什么样的呢？

C：现在可赶不上早先的了。这些年轻人啊，不爱好这个了。不像我们当时年轻的时候都爱好啊。

Y：您年轻的时候都爱好啥啊？

C：爱好啊？！跳舞、唱歌、讲故事玩儿，都会！现在不会讲了！

Y：那您也不会讲了？

C：忘了都！（访谈C）

某鄂伦春中年人针对鄂伦春文化的现状，说明了鄂伦春文化濒危的真实情况。

Y：鄂伦春文化，就是鄂伦春人民在山上生活的时候创造的嘛，比如鄂伦春语言，还有说唱、故事传说、歌、舞，好多方面。你认为目前鄂伦春文化处于什么样的状态呢？

W：我看好像要退化了，已经快没了。

Y：就几乎要没了？

W：几乎就快没了，就今天你采访的那些老太太，就是岁数大的，说鄂

伦春话还算流利，等我们这么大的，基本上会说的就没几个了。（访谈 W）

某位鄂伦春青年人对鄂伦春文化濒危感到痛惜，但与此同时，她也感到无能为力，一种无奈的感情流露在其言语之中。

Y：因为您是年龄相对比较小的，据您了解，现在咱们的民族文化处于什么样的状态呢？

B：可以说咱们鄂伦春民族文化处于一种濒临灭绝的状态，非常严重。以我为例吧，我父亲活着的时候，我父母他们每天都用鄂伦春语言交谈，我能听懂，但是我不会说。等我十三岁的时候吧，我父亲死了。我父亲死了以后，我妈就开始跟着汉人一样说汉话，这语言环境也没有了，现在我也听不懂了，更不会说了，所以目前来说最基本的民族语言这块流失得非常严重！！现在村子里有这么几个五六十岁的老头老太太，他们会说鄂伦春话。如果有一天他们都去世的话，这个民族的语言也就彻底失传，没有人会说会写，只不过在户口本上写着鄂伦春民族，和汉族没有任何区别。（访谈 B）

户口本"民族"一栏的称谓已经失去了它原有的意义，对于一个民族，它的称谓不能仅仅是简单的几个无意义的符号，更多的是民族代表了该群体当中的人对自己身份、文化、历史的一种认同，并且，民族称谓作为该民族共有的称谓体现了群体所凝结的民族自尊心、自豪感！而在此时，鄂伦春民族已经不再代表任何东西！对于自己民族文化的价值，该青年人非常肯定，并且有进一步传承自己民族文化的想法。

我很有这种想法，特别是从我接管咱们乡政府民族文化这一块。我说句心里话，我特别为我们鄂伦春文化失传现象感到痛惜，但是，我可以说是有心无力，眼睁睁地瞧着它就这么一点点地消失了。但是咱没有办法挽留，因为咱们受大环境驱使已经汉化得非常严重了，现在的鄂伦春年轻人不愿意再继续学鄂伦春文化了。（访谈 B）

X 鄂伦春民族学校的校长也表达了同样的观点：鄂伦春孩子和汉族孩子没有什么区别了。在鄂伦春老人、中青年和 Z 校长的眼里，鄂伦春孩子和汉族孩子已经没有什么区别，但是我们可以看到他们在面对此现象时的心情是不一样的。鄂伦春老人、中青年对自己民族的孩子有一种"恨铁不成钢"的民族情感，也有一种无可奈何的无力感。而Z校长，作为一名汉族的校长，她认为"团结户"的出现，鄂伦春孩子和汉族孩子没什么区别是一种进步，这样的情况下，鄂伦春孩子的智商得到了提高，能考上理想的学校。

Y：那你现在觉得鄂伦春孩子和汉族孩子还有什么区别吗？

Z：现在没有什么区别了，因为现在的孩子多数都是"团结户"了，不像以前。刚开始的时候，我刚出来教这个班，那个时候鄂伦春的孩子特别多，因为父母都是鄂伦春族，那个时候的鄂伦春孩子都受父母的熏陶，父母爱喝点酒什么的了，或者家庭一喝点酒就会有点儿影响。那时候孩子在学习方面，有一定的困难，基本的作业完成不了。这种状况从1985年以来逐渐好转。现在"团结户"多了，孩子们接受的新生事物也多了，现在，鄂伦春孩子从学习方面来说，不次于汉族孩子了！现在孩子们的智商都可高了，现在考大学的也有啊，在大连的民族学院，也有咱鄂伦春族的孩子啊！有个孤儿，从我们这儿上完初中，考上黑河市一中（黑河市重点高中），后来就考上了大连民族学院。

Y：嗯，和汉族孩子没什么区别？

Z：嗯，没啥区别。（访谈J校长）

作为X鄂伦春民族学校的汉族老师，L认为此学校的学生对鄂伦春民族文化还了解一点，但总体上讲，鄂伦春民族文化慢慢地被汉化了，这是不争的事实。

L：我认为鄂伦春语言面临着要灭绝的状态了。你说，这帮老人都快没了，这帮小的基本上都不会说了，这少数民族语言都快失传了。像歌舞，"团结户"的孩子也能会一点儿。他们有好的天赋，但是没有好的环境去学习。像用少数民族语言来唱歌，他们基本不会，用汉语来唱，他们会唱，但是用鄂伦春语言他们就不会唱。像这个鄂伦春民族舞蹈，这块老师教的，学生们也会跳，但只是少部分同学会跳。桦皮制品他们基本上不太会做。现在这帮孩子对民族习惯也没什么太多的了解，几乎都汉化了。

现在"团结户"比较多,不是父亲是汉族,就是母亲是汉族,民族习惯和咱们汉族人基本上都一样了。(访谈 L)

三、文化承载主体逐渐减少①

鄂伦春民族只有语言而没有文字。只有 1953 年以前的鄂伦春老人才具有在山上渔猎生活的经历。这样的情况下,只有鄂伦春老人才能通过自身的经历,以记忆的形式保存一部分民族文化。随着时间的流逝,这些老人也在渐渐忘却自己的民族文化。

一名鄂伦春青年认为:

咱们会说这些语言的、会民族歌舞的人,可以说是越来越少了,也就剩下这么几个岁数大的五六十岁的人,只有他们会。而且他们也是下山多年,下山以后跟汉族人一起生活,受汉化影响非常严重,他们渐渐地已经对民族的东西弃之不用,慢慢地,他们自己也都忘了。(访谈 B)

某鄂伦春老人证实了上面的观点:

现在我的孩子一句鄂伦春语言都不会说,现在我也有好多鄂伦春话都忘了。(访谈 H 老人)

鄂伦春老人已经在遗忘自己的民族文化,并且还在继续遗忘,这让人着实担忧。但是更让人担忧的是,X 鄂伦春乡现在只有八位鄂伦春老人!

F:现在这个鄂伦春文化眼看要消失了,外边也没有鄂族人说话,现在就剩我们几个了。两个,他家一个,我一个,那块有两口子,五个,六个,七个,再加上长山,就这八个。

Y:就这个 X 乡?

F:这八个人要是没了,鄂伦春民族文化就干脆没了,没有会说鄂伦春语言的,就剩我们八个人。(访谈 F)

---

① 杨宏丽. 人类学课程设计模式的研究:以黑龙江省 X 鄂伦春民族学校为个案[M]. 长春:东北师范大学出版社,2011:100-101.

当我用图片诱导的方法使 M 老人说出图片后面的故事时，我们之间进行了如下对话：

Y：您看着图片是啥感觉？

M：很亲切呗，民族啊，民族感总是有的，这就是我们的民族啊！这就是我们可爱的民族啊！

Y：您说，假设说给 40 岁以下的人看，他会有这种感觉吗？

M：那就好像会差很多，现在的小青年都没什么民族感情了。没感觉了。（图片诱导 M）

笔者看到老人在说此话时，眼神里流露出无奈的痛惜之情，那一刻，笔者和老人的心情是一样的，老人的目光也坚定了笔者进一步研究下去的信心！

四、缘由探究：鄂伦春民族文化濒危深层剖析[①]

（一）和其他民族通婚

鄂伦春民族文化濒危的一个很重要原因是鄂伦春民族人口少，加之和汉族通婚，混居在一起。

鄂伦春族人口少，散居。原来是聚居，汉族和别的民族进来后混居，这就形成汪洋大海，鄂伦春族必然要消亡。说唱艺术无人讲渐渐地要消失，语言是基础，语言没了，说唱艺术也就没了。（访谈 H 研究员）

如果能保留固然好，但愿望能不能实现，很难，几乎不可能。客观地讲，大的环境，家庭细胞变化了，和别的民族通婚，几乎不会说本民族语言了，都混居、杂居。汉族就像汪洋大海，鄂伦春族就是一滴水，能有存在的条件吗？另外，还有我刚才说的生产生活的变化，也使鄂伦春文化不能存在。（访谈 H 研究员）

---

① 杨宏丽. 人类学课程设计模式的研究：以黑龙江省 X 鄂伦春民族学校为个案 [M]. 长春：东北师范大学出版社，2011：101-104.

来到黑龙江省黑河地区 X 鄂伦春民族乡,听到最多的一个词就是"团结户"。按照当地人的解释,"团结户"就是一个鄂伦春人和另外一个民族的人通婚组成的家庭,这样的家庭和以前都是两个鄂伦春人组成的家庭是不一样的。由于和其他民族通婚,这时候鄂伦春的血统已经不纯了。所以在田野的日子里,经常会听人们说"她是纯鄂伦春",意思是她的父母都是鄂伦春人,所以她才是纯的鄂伦春!"她已经不是纯的鄂伦春了!"意思是她是"团结户"的孩子。在 X 鄂伦春民族乡的展览馆,我看到了对于"团结户"的明确界定:

"团结户"特指鄂伦春族和其他民族,特别是汉族组成的家庭。"团结户"的出现是民族团结、民族融合的结果,也对 X 乡经济发展、社会进步起到了积极的促进作用。(展览馆语)

据有关资料显示[15]:在 X 的发展进程中,曾经有大批的上山下乡的知识青年到公社插队落户;1977 年和 1978 年,公社还接受过外来移民。总体看,汉族人口迅速增加。

表1　2002 年 X 乡"团结户"情况表

丈夫	妻子	户数
鄂伦春族	汉族	24
汉族	鄂伦春族	22
鄂伦春族	达斡尔族	3
达斡尔族	鄂伦春族	1
鄂伦春族	满族	1
满族	鄂伦春族	3

同时,鄂伦春族与汉族结婚组成的"团结户"数量剧增。1990 年,X 乡的 56 户鄂伦春族中,夫妻双方都是鄂伦春族的有 12 户,占 21%,其余 44 户都是"团结户",占 79%。2002 年统计,全村有 54 户"团结户",

占鄂伦春族总户数的71%。

另外，就目前的情况来看，已经没有纯的鄂伦春家庭了，笔者在X乡的田野调查中，发现年轻人（30岁以及30岁以下的）所组建的家庭几乎都是"团结户"！

（二）猎民逐渐减少

鄂伦春民族是国家允许的可以狩猎的民族，但是国家对此有一些相应的管理措施，国家对鄂伦春猎民的枪支管理促使鄂伦春猎民的枪支在逐渐减少，甚至仅仅再过三十年，鄂伦春民族的狩猎生活可能会成为一种历史的终结。

我们这个民族是狩猎民族，是个马背上的民族。狩猎作为原来维持生计的一种产业，作为猎民的一种习俗，一种多年祖辈传下来的一种技艺沿袭下来。但保存得也不是特别好。因为随着《国家枪支管理法》和《野生动物保护法》的颁布，狩猎受到了时间、地域的限制。时间呢，就是每年有两个禁猎期，就是防火期呗。春秋两季防火、封山的时候，如果不是护林的队员，就禁止狩猎。咱们一共是15个人嘛，来自15个乡，得分三批出去护林。护林员没有工作任务的时候，就把枪交到派出所。这是受时间的限制。再一个受地域限制。根据上级的有关文件，狩猎只能在爱辉境内进行。但是相对来说爱辉境内猎物少，所以这是受地域限制。还有一个受现实状况限制。国家的整个大政方针是保护动物的，包括各种保护区、各种保护法的颁布。民族自治区域的方针政策和国家大政方针是一致的。所以狩猎基本上也就走到尽头了。现在我们这儿一共有15个人有枪，其中有4个妇女。妇女嫁的是汉族丈夫，我们叫驸马。这4个驸马枪也给枪。省公安厅规定：这15支枪，就是15个猎民，死一个，枪收一个。（访谈E乡长）

为了详尽地说明枪支情况，E乡长又作了如下说明：

你看咱们去年就有一个猎民刚过世。这样，15支枪就变成14支了。咱们平均寿命不长，也就是六七十岁。再过十年、八年，他们再先后过世，枪就剩七八支了。现在这个年龄段是二十七八岁的人，如果再过三十年呢？三十年之后，如果最小的再过三十年，三十年后，一支枪都没了。所以我预言，狩猎走到尽头不过是半个世纪。就从时间、空间和现实上来说，也就半个世纪。（访谈 E 乡长）

（三）与外界交流少

就我国来说，鄂伦春民族主要分布在大小兴安岭地区，也就是集中分布在黑龙江省和内蒙古自治区。由于鄂伦春民族只有语言而没有文字，因此其语言在现代化、全球化浪潮的席卷之下，不断地被汉语同化，其语言濒危的一个很重要原因就是：他们缺少与外界的交流，封闭的自我放弃导致鄂伦春语言快要走到了尽头。

Y：那刚才你也说到，咱们这个语言有方言问题嘛，在处理方言的时候，你觉得咱们这个课程应该怎么去处理？咱们这块跟内蒙古自治旗的就不一样。

E：对。有些方言我感觉是没法处理。

Y：没法处理？为什么啊？

E：真的啊。好像方言没有太好的方法。你说本来咱们这块包括跟加格达奇也好，跟内蒙的鄂伦春自治旗也好，交流就非常少。一年政府之间的互访也就一回两回。孩子之间的互访从来就没组织过。要是因为单纯是鄂伦春语言方言这块互访不算太可能。是不是？处理方法也就是组织民族语言教师到这几个民族地区相互用民族语言交流交流啊，或者像你这个录音机录录啊，录回来，咱们还得用咱们这块的方言教。是不是？（访谈 E）

第四节　X 鄂伦春民族学校的教育现状

X 鄂伦春民族学校当中有传承鄂伦春民族文化的一些活动，如作为校本课程的鄂伦春语言课、第二课堂、乡土历史以及该校承担的鄂伦春中草药课题等。透过这些文化活动，我们既能看到鄂伦春民族文化传承与创新的希望，也深深地体会到了学校教育之下鄂伦春民族文化传承与创新的困难。

一、学校的基本情况

X 鄂伦春民族学校是我们经过几次选择之后最终确定下来的个案学校。X 鄂伦春民族学校是大山深处的学校，它有很多让人感到惊讶和意外的地方，校园质朴的外观下有很多让人感动的故事。

Z：现在学校基本情况是 9 个教学班。

Y：包括小学和中学？

Z：对，中小学。

Y：现在有幼儿班吗？

Z：现在有幼儿班，幼儿班就没合在一起。9 个教学班，一个学前班。因为咱是九年一贯制，九年一贯制就是从爱辉区来说是实行九年一贯制的第一个。

Y：啊，咱是第一个。

Z：对，我们是第一个九年一贯制，应该是 1999 年开始实行九年一贯制，其他的都是最近开始实行的，从 1999 年开始实行的九年一贯制。

Y：嗯。

Z：就是村上都集中办学了。那个时候村上学生少，这样的孩子不是复式吗，没有单班，这样效果好一些，那个时候正好我们教育这块归政府管，这样乡里就加大力度搞了集中办学。

Y：嗯。

Z：到 2002 年的时候，就归上边教育局统一管理了。

Y：啊，就不归乡管了。

Z：嗯，就不归乡管了，但是还跟乡里有协调。教育是属于当地政府的，反正他们只是起沟通协调作用，像收费、人权、物权都归上面统一管理了。

Y：主要是归上面管。

Z：对，但是也要协调地方，一有活动就沟通，这样咱就共同协作去做。比如说咱们政府这种交流，因为新生吧他这个乡吧就像一个窗口似的，不管国家、省市有人来干啥。因为是民族乡嘛，有民族特色嘛，他就都来到这儿，来到学校。这一年年接待任务老多了。

Y：嗯，一般都是接待任务跟政府沟通。

Z：对，都是沟通。

Y：跟政府的沟通一般都是接待任务，上面来人了，需要咱们……

Z：需要咱们安排接待啊，安排活动啥的。

Y：嗯，都是这样的啊，我那天看咱们这块的展览馆，然后看到咱们原来的那个校舍非常破。

Z：原来的校舍是木刻楞的。

Y：啊，是木刻楞的。

Z：对，是木刻楞的房子，那时候学校都分好几处呢，都是木刻楞的，在前面那个邮局的位置呢！

Y：木刻楞是什么意思呢？

Z：木刻楞就是用木头一个摞一个那样摞起来的，再糊上泥巴，那就是木刻楞房子。

Y：那个房子暖活吗？

Z：暖和啊！

Y：那和咱现在的房子比呢？

Z：现在个人家也有住那样的木刻楞房子啊。

Y：那和咱现在的校舍比呢？

Z：现在是砖瓦房，各有各的好处，可以烧大铁炉子。现在都用暖气，一步比一步好了，条件在改变嘛！

Y：咱们什么时候开始进的楼啊？

Z：这个楼是……那个原来是木刻楞的平房，1978年的时候盖的这个平房。

Y：就咱们教师宿舍那趟街吧？

Z：对，宿舍是平房，然后是1986年盖的那栋房，那栋是小学，以前中小学是一个院，是两家。

Y：啊，宿舍这边是中学，挨着大门那侧的是小学，啊，然后后来盖的这个二楼。

Z：1996年的时候有个副省长周铁农，来到这儿关心民族教育，建的是第一层，然后1998年，香港教育基金会的范止安先生投资20万港币，建的第二层。

Y：啊，咱们这两层楼其中一层是周铁农号召盖的这个房子。

Z：对，省政府。

Y：一个是咱们香港……

Z：范止安先生投资建的第二层。然后第三层盖呢，后来建成二层的盖都是斜坡的，2000年的时候乡政府又投资，整的盖。

Y：啊，原来这个盖是斜坡的，那现在这盖是……

Z：铁皮的，铁皮的那种，三层楼，三步工程。

Y：已经很艰难了啊，还有就是咱们学校，因为我最初来的时候在小兴安岭深山里的一个学校。最初，我没有想到咱们学校会有网络什么的，来到这儿，看到这个也让我挺惊讶的！

Z：网络这块就是从2002年开始上的，2002年正好有一个香港厂商会的叫蔡衍涛，他投了30万人民币，购置的计算机，30万包括了多功能厅的一些桌椅、投影，还有很多东西。

Y：当时买了多少计算机？

Z：那个时候买了20多台，接近30台。

Y：那咱们这个计算机是放在多功能教室吗？平时咱们学生用吗？

Z：用啊，每次用完都有记录，谁用的，上什么课。这个老师用起来也方便，像查查资料，孩子们也愿意学，已经是现代化的教育了。

Y：学校自从有计算机就一直都能上网？

Z：对，一直都可以上网。我们上网在教育局都有考核，上传材料的时候，到时候都得反馈到教育局，通过网络来回传。

Y：现在学校拥有教师多少人？

Z：现在少了，最开始的时候是42个。

Y：就是中小学加一起，再加幼儿班？

Z：对，幼儿班、中心校，学校那时一共是40多个，退休的再加上调走的，调出的。最近省里开始合编，多少个学生一个老师，合完之后最后给我合到是21个编。

Y：那咱们现在是21个正式老师？

Z：嗯，现在21个正式老师，这21个编吧，因为咱们是民族乡，他就照其他学校合编还多点，最起码多3—5个编，要不咱们到不了21个编，因为咱们生源少。

Y：我看到还有到咱们学校支教的老师，这些老师不包括在内吧？

Z：这些老师不包括在内。

Y：还有3个支教的吗？

Z：现在还有2个支教的，王丹和刘丽平。

Y：周老师不是吗？

Z：小周现在不是，小周属于"三支一扶"的，支农、支教、支医，还有扶贫。他是属于咱们黑龙江省首批"三支一扶"的，一共是两年，试用期满了再考核。支教咱们校和六小二中是联谊校，六小联谊校是1986年开始的，到现在有20年了。

Y：每年都有，只要这个人回去了下一个人就来？

Z：对，从1997年开始实行支教，支教下乡，头几年支教都是2年，时间长一些，去年是半年，等去年9月份就是一年了。

Y：那咱们学校现在在校生有多少人？

Z：现在在校生在籍是80人。

Y：在籍有80人。

Z：嗯，就是只要学生的户口在这儿，你的学生就是上外面去，你的学籍还是算你学校的。

Y：假设说把那些在外面上的孩子除掉的话，正式的有多少人？

Z：60多个。

Y：一共60多个，咱们60多个孩子中有多少个是鄂伦春孩子？

Z：鄂伦春孩子不到三十个，有二十七八个。

Y：就是所有孩子加一起，一共二十七八个。

Z：对。

Y：还有其他民族的吗？

Z：有啊，达斡尔族、蒙古族。

Y：达斡尔族和蒙古族孩子有多少个呢？

Z：达斡尔族有两三个，蒙古族就多一点，蒙古族能有六七个吧，还有满族，但是满族不算6个较小民族里面的，满族占比例就多一点，大概有十来个吧。（访谈Z）

二、学校管理倾向：重视鄂伦春教师

由于个案学校是一所鄂伦春民族学校，通过田野调查，我们了解到，该学校的校长在日常教育管理中在同样的情况下，会对鄂伦春族教师有些倾向，这也是学校管理方面的一个特点。

Y：据我了解，这些老师，一些是鄂伦春老师，一些是汉族老师，他们有什么区别呢？

Z：没有啥区别。

Y：基本上和汉族都一样了？

Z：都一样，鄂伦春族人就是能歌善舞。从工作这个角度，他们的积极性相当高，像昨天我们讲的那节课，你给我们录音的那节课，领导们也给了很高的评价。昨天是爱辉区教师进修学校来评课，来评新秀。

Y：啊，评教师新秀，评区里的。

Z：孟老师讲课，讲完了也挺好的，我觉得本身教龄短，再加上在一个山沟里，尽量推荐鄂伦春族教师，培养鄂伦春族教师，民族的学校嘛，多培养点少数民族教师。

Y：同等机会的话，汉族老师和鄂伦春族老师你要趋向于鄂伦春族老师？

Z：对，不论从政治环境方面，还是从思想方面，无论有什么优越的条件，事先都看看这个民族，少数民族教师这方面的。（访谈 Z）

三、X 鄂伦春民族学校民族文化传承现状

X 鄂伦春民族学校作为一所民族学校，不乏传承与创新鄂伦春民族文化的教育举措。通过长期田野研究，我们发现，作为校本课程而实施的鄂伦春语言课是该学校最主要的传承民族文化的举措。另外，该校还有传承鄂伦春民医民药的中草药课题、第二课堂等有关活动。这些教育教学活动的存在对传承鄂伦春民族文化的传承与创新起到了积极的作用。

（一）传承与创新鄂伦春民族文化的教育举措

1. 鄂伦春语言课

在田野研究中，当问及个案学校采取了哪些有关传承民族文化的教育举措时，该校的校长、教师和学生不约而同地向我们提及一个人，她是该校鄂伦春语言课的第一位教师。①

说起 X 鄂伦春民族学校的鄂伦春语言课，笔者听到的最多的一个名字就是 Z 老师。没到 X 乡之前，笔者就已经听很多人提起过她，大家都说她是一个很有智慧、很负责任的老师，在具体的教学实践当中她进行了很多方面的尝试，生成了很多智慧。Z 老师为传承鄂伦春语言所做的事情不但在 X 乡家喻户晓，而且她的事迹在中国民族报上也有专门的报道[16]：

X 展览馆在介绍为保护、保存民族文化遗产作出贡献的十位 X 乡鄂伦春人中，只有一位健在，她叫 Z 老师，她为保存鄂伦春民族语言作出

---

① 杨宏丽. 人类学课程设计模式的研究：以黑龙江省 X 鄂伦春民族学校为个案 [M]. 长春：东北师范大学出版社，2011：104－105.

了贡献。由于鄂伦春族只有语言，没有文字，因此，鄂伦春语言的继承艰巨而困难，鄂伦春族年轻一代已基本不会讲鄂伦春话。原乡中心小学鄂伦春族教师Z老师当上了鄂伦春语言教师，她在中国社会科学院民族语言专家胡教授的指导下，学习国际音标，自编了一套鄂伦春语言教材。教材中有900个词汇、100多个民间故事和几十首民歌。她教了15年的语言课，但是后来Z老师由于患腰间盘突出症，无法坚持上课，于2000年病退回家，她病退后，这门课也就停了下来。如不采取措施，鄂伦春语言会随着时间的推移而灭绝。

因此，到了X乡之后，很快地通过别人介绍，笔者认识了Z老师，并且和她进行了深入访谈。Z老师年纪不大，也就五十多岁，但是身体特别不好，走路的时候猫着腰，并且只能慢慢地走一小段路，否则身体会承受不了。当和Z老师说起鄂伦春语言课的时候，Z老师的话匣子打开了，她向笔者讲述了当时鄂伦春课的开展情况。

（1）鄂伦春语言课的由来

在个案学校，最初是没有鄂伦春语言课的，该门课程之所以能够走进学校，走进课堂，和Z老师是直接相关的，为此Z老师向我们详细介绍了该门课程的产生历程。

Z：病退，身体不好。刚开始，我自己主动找的乡里，跟乡里谈的这个事。我们1986年参加了全省少数民族的生产、生活、文化、教育会议，回来之后我就有这么个想法。如果在学生当中，不教咱们语言，渐渐地肯定就要消失。为什么消失呢？它有一个因素，现在是什么呢？都是"团结户"，懂吧？

Y：我懂。

Z：啊，这个。如果都是本民族的人，因为咱们人口少，范围小，所以都是近亲了，所以咱们都找外民族，这样的话，他平时在家里很少对话，子女肯定不会。我就向乡里提个建议，开设这一门学科。乡里挺支持的，开始开，这也巧，就是中国社会科学院的胡教授来了，他是研究我们民族语言的。

Y：胡教授的书我看过。

Z：他来了之后，我一边带着他走访的鄂族户啥的，一边求他教我。我学了十天，想了很多办法，我给他录音，让他讲给我听，他那书上不有音标吗？完了让他给我录音，我有时间就学，反正是，整理教材。原先咱们乡里也开，我弟弟他也有这个想法。他从东北师大毕业之后，自己要求，非得回到这儿来教民族语言。他们想的办法怎么教的呢？就让你这么样的直接教你死记硬背。也不能书写，没有文字啊！他们就用汉字代替，那个音特别不准，这是他们最先教的方式。后来，胡教授他研究用国际音标，这个挺好，可以帮助学生记忆啊，教完之后如果忘了，可以按着这个音标读，可以复习。像原来的教法，我教给你"您好"、"喜爱"，你能记住就记住了，记不住你怎么回忆啊？如果用音标记录下来，走到哪儿，老师告诉的"您好"、"喜爱"，按音标一读，这个挺好，所以就采取了这个方法，整理了好几本教材。

Y：原来是您弟弟，教过这个？

Z：教，他和学校建议。

Y：他建议？

Z：他是英语老师，因为好多学生他不会英文字母，他不会，他没办法教那些学生，怎么办？用汉字。他联系他们共青团，整一个小册子用汉字代替，但是音不准。后来他考到东北师大了，他走了之后这里也没有人。因为咱们全乡有好几个，比我说鄂语说得还好。我就建议政府，说你考一下子，择优录用，不一定非要自我推荐，非得我去教这个课。政府考虑之后认为，其他同志鄂语说得好，但是汉语不行。怎么向学生解释这个东西呢？最后就是选的我。说汉语，我能讲通啊，你得跟孩子解释啊！你光会一个民族的语言，怎么说，你还得用汉字告诉他啊！像我大嫂她们说鄂语说得特别好，但是她汉语不行啊，怎么进课堂当老师啊！最后就是让我教，我自己觉得我也胜任这个工作。为什么呢？因为我进村就在这里，周围我的长辈，他们不会汉语。然后我就跟他们学的这个鄂语。为什么我跟这个老师学十天就会了呢？教学生怎么那么慢呢？有好多记者都来问。

原因很简单，因为它就等于学一门外语了，既学音标又学语言。我为什么学得快呢？我本身会这个语言，我只学音标就行了，就要比他们轻松点，学得快一点。教学生也真是挺困难的，什么办法都想。没办法了，因为你说要是有两个老师我们可以互相商量啊！探讨一下，有什么好的经验。这就自己，别的地方没有开课的地方，后来新鄂、新兴、内蒙古总共来了四位老师学习。我就希望他们学会了之后，都互相介绍一下经验，结果一打听，他们都半途而废了，教了一年、半年都停了。那你看，最后还是剩我自己了。反正困难是挺多的，我也不一定就说啥词都会，有的词我也叫不太准。我家里事还多，我也有八十多岁的姥姥，得伺候她，两孩子得照顾。我还得去找我们的父老乡亲啊，拿个录音机去录，去问，去记，或者平时碰到他们就与他们我们对话。哎，这个词是这么说对，兜里揣个小本子，赶紧把它记下来，然后整理我们的教材。这样的。

(2) Z 老师鄂伦春语言课的探索

作为个案学校第一任鄂伦春语言课的教师，Z 老师对于此门课程付出了极大的心血，她在认真地思考这门课程该达成什么目标，选择哪些内容，采取哪些教学策略，才能更好地达到教学效果。在 Z 老师的教育思考以及教育实践中，鄂伦春语言课不断完善。

Z 老师是一位十分负责任的教师，并不是所有的鄂伦春歌曲他都没有选择地教给孩子们。Z 老师十分注意教学内容对学生的教育性影响，因此为了达成此目的，她会把一些思想健康、进步的汉语歌曲改编成鄂伦春语，教给孩子们唱。

Y：就是原来的汉语歌，《高高的兴安岭》原来也是汉语歌，然后改为鄂语你教孩子们唱，《养鹿姑娘》、《高高的兴安岭》。

Z：还有那个"探心"，我们叫劝酒歌。就是说人家那是探心，向女方求婚什么的。我觉得调子挺好就改了一个劝酒，劝酒不是让你喝酒的意思，就是劝你少喝点，说因为远方来的客人到你家来做客了，你应该少喝点，是这么改的。再有就是民间故事，民间故事它也都是用汉字写的，不是吗？我就用鄂语给他们讲，就是为了教鄂语词，加深他们的记忆，这样不是能够激发他们的兴趣嘛。你光教他们字词句的，挺单调的，讲点有意思的故事、童话、寓言什么的，用鄂语讲，他们学的兴趣还挺高的，这样就能帮助他们。

Y：给他们讲了哪些故事呢？

Z：《黑脑袋瓜虫子厉害》，黑脑袋瓜虫子带引号，什么呢？就是鄂族人说，谁是黑脑袋瓜虫子呢？指的是人，就是那么多种动物里头呢，人最聪明。讲的是那么个故事，内蒙那边来学鄂语的时候，他们那边整理了一本民间故事，特意送给我一本。我从里面挑了比较好一点的，短一点的，用鄂语给孩子们讲。我记得最深的就是《黑脑袋瓜虫子厉害》。咱们课文不有《小猫钓鱼》嘛，我用鄂语给他们讲的。

Y：那您当时用鄂语讲他们能听懂吗？您是怎么讲的？

Z：我先教这些词，比如这些动物都叫什么，他们大概知道动物了，然后开始讲，讲完之后，让学生复述，他们也用鄂语讲，讲完之后再让他们用汉语译，就这样反复的。像这样的就是教初中的，后来在小学四五年级的，低段的根本不行。低段的你就教他点简单的字词，歌他们到挺愿意学，后来校长他们建议，一个课堂上应该字词歌舞都给它串连起来。后来就那么试验了。

Y：后来那样试验你觉得效果好吗？

Z：效果好倒是好，但是怎么说呢？有些学生他不喜欢跳，你硬让他跳呢，挺勉强他的。反正比单学比死记硬背好一点，能够激发他们学习兴趣，觉得一个是休息一会儿，唱唱歌跳跳舞，休息一会儿再接着学字词什么的。

Y：那您是唱歌跳舞同时进行？也唱鄂伦春语？是吗？

Z：就是说学会字词休息一会儿，或者让哪名同学给大家用鄂语唱首歌啊！再组织几名同学跳一个鄂族舞。

Y：您专门教过他鄂族舞蹈吗？

Z：专门的没有什么，我们专门的就是简单的几个动作，骑马、扬鞭什么的，我们也没有什么比较突出的动作，像蒙族、藏族那样的，不太多，关键就是骑马、射击什么的，就是最基本的动作。

Y：你怎么教他们舞蹈的？

Z：自己先设计好了然后就教。

Y：这些舞蹈都是您设计好了，再教孩子们。就是这些基本动作，然后您自己设计一些舞蹈。

Z：因为我们老一辈人他们就是一有高兴的事，在一起就爱喝点酒，跳嘛，有几个基本动作连贯起来再加点别的动作，就这样。

Y：是不是说你们民族没有什么固定的舞蹈？

Z：没有固定的，像孔雀舞、藏族舞，不是那样的，我们的动作最基本的就是骑马、扬鞭啊！

Y：骑马、扬鞭、射箭、射击。

Z：射箭、射击这样的。

Y：那您教孩子们的时候，是让他们即兴表演呢，还是你好了教给他们？

Z：对，我编好了教给他们的。因为这个汉族孩子都在一个班里，再说鄂族孩子也都小，都是"团结户"的孩子。

Y：也差不多和汉族孩子一样了。

Z：一样了，都。接触的文化也都一样，现在人都看电视啥的。

Y：教给孩子语言啊。

Z：像我们这个年龄，经常能看见家长喝得高兴了，在屋跳啊跳，就能知道他们有些什么样的动作了，现在的人也都挺忙的，都是。再说也不太喜欢喝酒，不像以前那样。那时我还研究他们说我们民族爱喝酒，我也觉得有点，怎么说呢，后来我就觉得为什么爱喝酒呢？后来我自己悟出来，因为我们整年在山里打猎，冬天多冷啊，回来就肯定得喝点酒，这样就养成一种习惯。是爱喝酒，但是我不会喝酒，我心脏不好，我看人喝酒我可羡慕了，我不会喝。

为了帮助孩子们理解鄂伦春语言，在校长的建议之下，Z老师结合自己的教学实践，以传承鄂伦春语为目的，以鄂伦春民族的歌舞、故事等文化形式作为辅助手段,从而调动孩子们的学习兴趣,引导孩子们更好地掌握鄂伦春语言。为了让孩子们轻松地学习鄂伦春语言,Z 老师想了好多办法来达到此目的。

Y:那就是您教学过程教孩子学点语言,然后借助讲故事的方式、唱歌的方式,自己也编一些舞蹈教给孩子。

Z:实际都是为了激发他的学习兴趣,帮助他记忆这些鄂语,什么办法都想。有的人经常也提些建议,这么做,那么做。有时候制些图,刚开始,用幻灯,在透明纸上画,像投影似的,不像现在的高级啊。没有纸,在破玻璃上画些动物啊,画些器皿。为了省时,你如果在课堂上,往黑板上直接画也行,但这不耽误时间嘛,为了省时,往碎玻璃上画,写上鄂语,他也愿意看啊。你光写几个音标在那儿他不喜欢看,因为孩子小,你就想这些土办法。

Y:还有其他的好办法吗?还想过其他的吗?

Z:其他也没什么了,在课堂上后来就利用录音机,你不说讲故事吗?故事那么长,里面的鄂语他只学了几个词,串联着生词他就不太知道。我事先用录音机把它录好,反复地让他们听,他们就学会了,就可以复述了,用鄂语讲,这是一个手段。

Y:那跳舞的时候呢,是你给人家先跳还是怎么办呢?

Z:我得事先教,比如这节课教你,教会了之后,其他课,写词累了,咱们休息一会儿,唱个歌,跳个舞,录音机曲一放,就开始跳了,就等于休息了,大脑休息一会儿。

Y:办法非常好,你觉得就是让孩子们,现在就是开这门课,也是为了让学生学这些东西吗?想把民族文化当中有价值的教给学生。

Z:目的是为了让他们学习语言,采取什么样的方法也都是这个目的,再有我现在才觉得我们民歌、民间故事啊,都应该让他们知道啊!刚开始光是让他们学音标,后来觉得,我应该讲一讲我们的历史啊,我们原来是怎么样游猎的,我们吃的是什么,住的是什么。比如说住的撮罗子,这个撮罗子我们用鄂语怎么说啊,比如说画一个撮罗子,你得知道这个东西叫什么，用鄂语怎么说。后来，一开始就是这样学音标，从字母开始学。学会字母之后开始学字词什么的，后来不行，我们有什么样的习惯，我们祖先在山里怎么住，怎么生存，吃什么，这样他们就知道了，我们住的是撮罗子，周围透风，上面有洞，我们用的器皿都是桦树皮做的，桦树怎么说，桦树皮怎么说，做出来的东西又怎么说，都是这样的。我的头几本土教材，刻的时候就知道刻音标，后来想，画几个插图，鱼、树、花、锅、碗、桦树什么的，孩子也愿意翻，也能提高他的记忆力。是不是？要不孩子太小，就想的这些办法。我也没上过高等学府，也教不出来什么，就讲一些笨办法。

Y：你讲得非常好。开这门课你觉得最主要的是学习语言？

Z：对呀，我就寻思这个语言可别失传了。

在强烈的民族意识驱动下，Z老师作为个案学校第一任鄂伦春语言课教师，还承担了自己编教材的任务。Z老师在编写教材的过程中不断思考语言的更新与创新等问题。

Y：那当时您教这个课的时候教材是自己编的吗？

Z：对。

Y：那你是怎么组织这些内容的呢？

Z：我就一点点收集整理，刚开始想按咱们每个年级的教材来整理，后来有好多新的物件我们没有，灯泡、钟表、电视，好多，连玻璃都没有。这个不行，不行怎么办呢，自己想办法，从人开始，人体、用的餐具、生产工具、礼貌用语，这么分类。

Y：那也就是给它分成几类。

Z：几类。原先刚开始学的就是打乱了什么都在一起，就觉得那样有点太乱了。最初我们是想按咱们这个一至五年级的教材，我都给它翻译过来。那里面好多词没有，你就连不上。

Z老师在编写鄂伦春语言教材的道路上曾多次尝试，当下定决心将汉语教材翻译成鄂伦春语言教材之后，在实践摸索中问题不断涌现出来，这又促使Z老师不断调整方向。

Y：哦，你当时想把汉语教材翻译成鄂语？

Z：想这么教他们了。汉语教材一年级都是先学拼音，再学字啊，什么人、口、手、大、小、多、少啊，这到行，越往后越有难度，这个行不通。后来想办法把这个分几大类。这一类，那一类，整理好了。

Y：假如是一本教材，比如说生产用具，这一段主要都是教生产用具，由简单到复杂地教，再接着教比如打猎用的词语，然后由简单到复杂，那么多年级怎么处理呢？

Z：多年级啊？因为这个也不是太深啊，刚开始从一年级到五年级都讲这个，后来不行他们接受能力不一样，低年段的就按教材，学点音标，学点字词。高年段的把基础再加深点儿，比如动物、飞禽走兽、日常用品，一点点难。高一点的年级，比如说中学的，就教歌、舞、民间故事，这样讲。

Y：你觉得这样做的效果好一些吗？

Z：好一些。因为他从一年级到中学接受知识的能力都是不一样的，就这样分的段。

Y：开始教简单的，可能都涉及，比如说碗、筷、打猎这样简单的词，从二年级就这几块，涉及内容更多，更难了，到三年级就又难了。

Z：就是一本教材，低段的就学，这个学期，你就学完这些个，这个已经会了，到二年级再学一部分，到中学这个教材他就都会了。

Y：就是整个一本教材，从小学到中学是共用的，然后小学可能就讲第一章，第一章简单，第二章复杂一点，第三章更难。二年级时候也是涉及这几方面只是更难一些？

Z：你的不能一年级学的你就不复习了，到二年级时候比如是第二章了，第一章你有空的时候，比如说第二章学几句话，这里头还串联一章里有数字什么的，简单的都串联过来了，同时再复习，因为你说，一周就一节课，重复地复习，不复习他就忘了，就像熊瞎子掰包米，不复习，他就忘了。哪棒你都不能让他丢了，掰了你就让他夹住，就这样的。

Y：您的办法非常好啊！

Z：主要那时候就是说呢，闭门造车，就我自己，如果外地哪里有教的，我们可以互相探讨一下，你有好的经验推荐给我，我有好的经验推荐给你。那不半途而废了吗？

为了巩固孩子们课堂上所学的鄂伦春语，Z老师采取了留作业的方式，通过此方式让孩子们进一步巩固所学的内容。

Y：那你给孩子留作业了吗？

Z：留作业啊，这七天时间你不给他留怎么办啊。学什么就给他们留什么啊，让他写，让他读，下节课之前先检查一下作业，写的那样交上来，我给你看、判，要是需要读的，找几个同学，你就看谁学的不好，爱贪玩那样的，提问他看他会不会，如果不会，找会的，就提醒他了。然后学新的，学完新的留作业，就这样循环，课前你得先复习一会儿，五分钟时间。

Y：您上课一般都是在课堂里面进行的吗？假设咱现在也想做这个事嘛！在您的基础上，您已经做得非常好了，就想让他做得更好。您觉得上课的时候有没有必要到外面去活动啊，去参观啊？有一些建议吗？

Z：我没有什么建议，我觉得我们这儿也没什么玩意啊，那个展览馆，大家都熟悉，什么都有。参观什么东西呢？我也不知道，我们刚开始不是在课堂上上嘛，上的时候有时候要是跳集体舞的话，这一个班二十来个学生，在屋里，我们是平房，如果跳起舞来就有灰，这怎么办呢？把字词处理完了，要唱歌要跳舞，全班都参加的时候，我们就到操场上去跳，也没带他们上哪儿看过，去过哪儿。上展览管也都是学校集体组织去看的。

对于教孩子学鄂伦春语最应该恪守的原则，Z老师谈到一个观点，即如果教师多站在孩子的角度，用孩子喜欢的方式叫他们，他们定能接受。

Z：能接受的了才会爱学啊，他接受不了，肯定不爱学，厌学，怎么办，没办法进行下去了。得想各种方法啊，让他觉得这个年龄段适应这种教法，用这种教法。高一年段的适应什么样的方法呢，他接受能力强，教一点难的。大概看一下，觉得那个音标太复杂了，孩子们能记住吗？他才小学阶段啊，他还得学汉语拼音呢！到中学，他得学英语，再加上我们鄂语。这三种有的写法都一致，他怎么一一分别记它呢？这是个矛盾。我觉得，还想让孩子学，还觉得孩子太难了。

在和其他地区教鄂伦春语言课教师的交流中，Z老师感到现代教育技术尽管有一定的缺陷，但是仍然是提高教学效率的一种有效手段。

Z：每个民族都喜欢自己民族的东西，民间故事什么的，有时候电视我都不看，内蒙古的老师送给我一本民间故事，我特别喜欢看。看完了之后，后来有人借，借完了，像我家侄女她们也挺喜欢民族的语言，她们借着去看，有好多词她不懂，因为那里有许多是用鄂语说的，人名、动物名啊！她不懂，她看就没意思。内蒙古做得挺好，那个老师来了之后，他给我提个建议。我说你们那里怎么教啊。他说这样的，就是有一个老师，跟他讲，怎么讲呢？对着镜头讲，头发就指头发，叫头发。我说有的物体你不在现场怎么办啊？那就没法教了。他这个方法好，就是通过电视整成录像带教，这个挺省时挺省力，你拍一次就可以放，像你们这样写在黑板上，放在什么片上，也录下来。你看凳子，你不能拎上来，拎到镜头，可以写个纸片，凳子、桌子……他说我们除了能录进去的东西外，我们就没有办法教了。我觉得他那个方法好，就是通过录像，这个挺省时，也挺省力的。

Y：那他们就是完全通过录像吗？提前录下来？

在现代教育技术作为支持平台的前提下，Z老师建议，鄂伦春语言有更广泛的接受群体，这样可以极大地向社会和群众普及鄂伦春语言。

Z：提前录下来之后再放，面向社会，让大家都学，他们有专门的一个县。比如说黑河有个专门的黑河台，这个台，有个时段，多长时间，他们提倡，也就是采取措施吧，让大家都记住自己的民族语言，不管大人孩子。一放就能学。这个方式挺好，但是局限于这种形式。我提个建议，你应该拿个彩图什么的。回去之后，她也挺忙，没有联系了，再也没过来。我身体也不好，再说我任这个课哪也去不了，没人替我，我要请假，这个课就停了。感冒还是怎么的，只要能坚持，能走动就得坚持，不像有的人有病了在家休息。语文数学都可以替上,鄂语别人不会,没人替我。内蒙措施大家都可以学,面向社会,老少都可以学。(访谈 Z 老师)

(3) Z 老师最遗憾的事情和有趣的事情

Z 老师在热衷于传承鄂伦春语言的道路上,曾有过一些遗憾,但让她至今仍然难以释怀的有一件事:①

Z 老师为了把鄂伦春语言课教好,利用课余时间,她主动找一些懂得鄂伦春民族文化的老人,并且把老人们说的话用录音机录下来。但是,让 Z 老师感到特别遗憾的一件事,这些年一直深埋在她的心底,当我和她谈起鄂伦春语言的时候,这件事像挥之不去的幽灵,一直缠绕着这位老人。

我最遗憾的事就是一件。有一个男的,他叫葛长友。有人向我推荐他,他有一首特别好的民歌。我得知后,下班后吃完饭,拿录音机去找他。他是单身。当我找到他住的地方,他不在家。于是我就上前面找他。但是,天太黑了,我还怕狗。怎么办呢?我爱人不在家,孩子还小,我就寻思还是明天再找他,或是起早,或中午,结果你说怎么样呢?那天晚上他就去世了。这个好歌啊,别人谁都不会。我说我要是再往前找他,我就能找到他,这首歌我就录下来了,那么好听的一首歌就让他带走了。就怎么个事,太遗憾了!(访谈 Z 老师)

为了达成理想的教学效果,Z 老师走出课堂之后,在生活中也是不断思考,力求让鄂伦春语言传承的效果更好。为此,她只要有机会,一定和其他鄂伦春老人探讨如何上鄂伦春语言课以及如何克服鄂伦春语言课实施中的一些困难。

现在老人渐渐少了。那时候,我占一个优势。我八十多岁的姥姥在我家,我不会的,吃饭的时候或是什么时候我就可以问她了。有那么多有趣的事!有的汉语她不懂,有时候同音字她就理解错了。比如说"河流"的发源地,咱说"源头",可是我姥姥将"源头"理解为这个东西是"圆圆

---

① 杨宏丽. 人类学课程设计模式的研究:以黑龙江省 X 鄂伦春民族学校为个案 [M]. 长春:东北师范大学出版社,2011:105—106.

的头"。她就用鄂语给我说这个"圆圆的头"。没办法,她不懂怎么办呢?我就得画,在纸上,这是一条河,从上往下流,下面是河口,就是发源地。你得画,就是这样的。(访谈Z老师)

之所以会有这么多有趣的事,一个很重要的原因就是两种不同的语言表达的是两种不同的意义系统,即使发音类似,但是它所表达的意义也是不一样的。

最初,X鄂伦春民族学校没有鄂伦春语言课,我主动向乡政府申请开这门课,后来乡里同意了,我就开始教这门课。那时候,这门课只有鄂伦春孩子上,可是我发现,鄂伦春孩子上课,汉族以及其他民族的孩子在外面玩,这样鄂伦春孩子也无法静下心来学习。于是我又尝试着让所有的孩子都上鄂伦春语言课,结果我发现,效果好多了!很多汉族、其他民族的孩子学得还挺好,这样就能带动鄂伦春孩子学习鄂伦春语言。(访谈Z老师)

2. 第二课堂①

除了鄂伦春语言课,X鄂伦春民族学校也开展了一些第二课堂的活动,其中主要包括手工制品、民族歌舞等,但是这些活动并非是有规律地展开,学校忙的时候就停下来。

Y:除了课题,刚才咱们说的还有这个民族语言,是吧?还有其他的咱们学校开展的关于鄂伦春民族文化传承的活动吗?

J:有,咱们学校有手工作品小组,还有民族舞蹈小组。

Y:像这些小组都是什么时候活动呢?

J:基本都是定期的,除了比较忙的时候。不忙的时候,正常都是一周一次,除非学校办不过来了,或者是上级部门来了,这个时候就暂停了。这两周你看到没有?这两周就很忙,就暂停了。咱们学校作品很多,有很多挺不错的成品。

---

① 杨宏丽. 人类学课程设计模式的研究:以黑龙江省X鄂伦春民族学校为个案[M]. 长春:东北师范大学出版社,2011:107.

Y：哦，我看到了。（访谈 J）

3. 课　题

个案学校有一定的科研意识，为了把鄂医鄂药传承下来，Z 学校向我们讲起了他们学校的中草药科研。

我们学校除了有民族特色语言课，还有中草药课。中草药这块是鄂伦春民族老一辈流传下来的，以前他们有病从来不买药，就上山去采一些药材回来吃，效果最有效。像骨折，他们专门采一种树，效果最有效，都不用上医院去治疗，接骨接得特别好。这就是为什么要开这个呢！咱们有个植物园，要让孩子们继承老一辈鄂伦春民族的传统，给传下来。

Y：咱们这个植物园在哪儿？

Z：在这侧，西边那侧是中草药，东边那侧是老山芹。

Y：老山芹是什么东西？

Z：老山芹是一种野菜，还有刨瓜菜、柳蒿牙、墙头菜，这都是鄂族人给带过来的，鄂族人也在山上采菜。老山芹人们都特别爱吃，老山芹也治病，治胃病什么的都非常有效，人们都特别爱吃这些菜。

Y：那咱们这些中草药都是以什么形式的，是通过课题还是……

Z：老山芹原来吧，最开始生长在山上，把它的根挖回来移植，是移植过来的，栽成的一片。因为这个老山芹栽培移植，我们还获得了国家级神农奖。

Y：那咱么这个老山芹都是和咱们鄂族有关的，那这个咱们是以什么形式开展的，是学校通过申请项目还是……

Z：申请，原来很早以前有科技……科技什么区，在市里头就搞科学研究、科学技术开发智力的，这样的。

Y：这个是黑河市，有关于开发科学研究机构，在那儿申请课题？

Z：对。

Y：那现在咱们这个老山芹和中草药呢？

Z：咱们现在研究的是中草药课题了，咱们申报的是市级，市级课题啊。

Y：黑河市的？

Z：嗯，市级课题，中草药开发。

Y：啊，那老山芹现在是……

Z：老山芹和中草药现在可以合到一起，它也属于中草药类的。现在也是通过课题这种形式，然后传承咱们鄂伦春族的民族文化。中草药以前我们都编制成教材，上自己的校本课程。（访谈张校长）

为了传承鄂伦春民族文化，在科研兴校的理念指导之下，X 鄂伦春民族学校申请了"鄂伦春民族文化探究"这一课题。在田野研究期间，J 校长还一再地让他们学校的老师向笔者学习怎样搞科研。[①]

J：上级部门也非常关注这个问题，我们一提这个课题，上面非常重视！

Y：咱们这个课题叫什么名字？

J：鄂伦春民族文化探究。这个课题包括的内容很广，包括民族语言、民族风俗、民族作品等等一个系列，当时咱们做的是单独从语言这方面做的，后来经过科研部门的指导，现在这个课题包含的内容比较多。

Y：咱们这个课题进行得怎么样了？

J：正在进行中。（访谈 J）

对于此课题，该课题的负责人满怀信心，他向笔者分析了有利于该课题开展的各种条件，其中一个重要的资源就是该学校拥有丰富的人力资源。

Y：有课题这方面的，还有其他方面的吗？关于鄂伦春民族文化传承。

J：民族文化就不用说了，光鄂伦春民族老师就有七八个，我们这七八个民族老师，搞课题来说应该是一个资源。要不怎么能立这个课题呢，本身我是土生土长的，我的母亲就是从 X 乡定居下来的鄂伦春民族老人。

---

① 杨宏丽. 人类学课程设计模式的研究：以黑龙江省 X 鄂伦春民族学校为个案 [M]. 长春：东北师范大学出版社，2011：107—108.

鄂伦春民族风俗、习惯、作品、文艺,我都了如指掌,可以这么说。所以说,做这个课题吧,只要我们再细一些,多了解一些,还是可以做得成的。(访谈J)

在进行观察的时候,学校操场上的一块牌匾吸引了笔者的注意力,上面写着:

山野菜实验基地——老山芹

老山芹是鄂伦春民族传统的山野菜,是纯天然绿色食品,经常食用对提高人体素质、优化智力、防治疾病有显著作用,所以深受国内外客人的青睐。为更好地开发利用资源,彻底解决高寒山区春季吃野菜难的问题,我们从1992年开始,进行野菜移栽,种子种植,大棚实验,均获得成功。

野外移栽使野菜变家菜,便于食用,像芹菜一样劈叶吃,延长鲜菜食用时间;种子种植,扩大了种植面积,为打入市场奠定基础;大棚种植使食用期更早,更长,所以老山芹已经成为发展庭院经济必不可少的品种。

我们的尝试,推动了鄂乡经济的发展,一个独具民族特色的以老山芹为主的山野菜绿色食品基地已经形成。(观察校园)

另外,在 X 鄂伦春民族学校的田野研究即将结束时候,校长请笔者品尝了鄂伦春民族的独特饮食,其中有一道菜就是野猪肉炖老山芹,味道的确很鲜美!老山芹是鄂伦春民族一种特别的食物,据学校的老师讲,老山芹能够治疗胃病等疾病,这就是所谓的"鄂药"!既可以家用当菜吃,还可以医用,用作药物治疗各种疾病,真的很神奇!

4. 乡土历史[①]

为了使本校的孩子对鄂伦春发展历史有个基本的了解,X 鄂伦春民族学校还开设了"乡土历史"这一课程。

Y:还有其他方面吗?

J:再就没有什么了,再就是语言课这方面,有一些活动啊,有一些

[①] 杨宏丽. 人类学课程设计模式的研究:以黑龙江省 X 鄂伦春民族学校为个案 [M]. 长春:东北师范大学出版社,2011:108—109.

乡土历史,毕竟这是鄂伦春乡嘛!咱们学校的乡民族历史就是本地鄂伦春族的历史。(访谈 J)

另外,通过访谈该老师所教的学生也证实了这一点,该学校的确有鄂伦春历史的相关介绍,只不过是在空课的时候才能进行该活动。

Y:噢,那除了咱们这个鄂伦春语言之外,还有其他的吗?关于文化的。

Y1:文化的?

Y:学校还有其他的活动吗?或者开过什么课之类的?

Y1:那就比如说去图书室,有时候上图书室老师会讲一些关于鄂伦春民族的,或者就是看一些书,也都是鄂论春民族的书。

Y:哦,到图书室老师给你们讲?那都什么时候去呢?

Y1:这个我忘了。

Y:那是上完课去的呢,还是业余时间去的呢,还是上课时间去的呢?

Y1:应该是有空课的时候吧。

Y:哦,有空课的时候老师领着你们去,然后讲一讲?

Y1:对。(访谈 Y1 学生)

(二)传承与创新鄂伦春民族文化的困难

个案学校在传承鄂伦春民族文化过程中遇到过很多困难,校长站在学校全局发展的角度认为:最大的困难就是资金问题。

Y:在这过程当中我想肯定是很艰难的,肯定会遇到很多困难。你觉得最大的困难是什么?

J:最大的困难就是从资金方面。

Y:主要是资金方面?

J:嗯,资金方面,资金要是全的话……因为现在都是鄂伦春族孩子嘛,咱们得派出很多孩子学民族舞蹈,现在从 2004 年开始有几个鄂伦春孩子上艺校,六七个呢,那是从民族这方面去考虑,要是资金充足的话呢,咱们可以请搞艺术的老师到这里来指导孩子,孩子们文化课还不扔。

Y：到艺校孩子就把文化课仍了？

J：到艺校孩子自然而然地就把文化课给仍了，大一点的还好说一点，还强一点，最起码学到初二、初三了，但小一点的文化课指定没有在这儿学好。咱要有钱的话咱把搞艺术的人请到这来，大多数孩子都受益了，是不是？现在咱们路也修好了，一年请一个，现在这钱……你也知道请人的费用是相当多的，很大的，不用一周，两周来一次指导也行啊，完了咱们再有老师跟着学。（访谈 J 校长）

的确，在资金充裕的情况下，个案学校就可以邀请更多的专家、学者到该校指导，孩子们也可以不必在义务教育阶段就走传承鄂伦春民族文化的专门艺术道路。这样的选择是不利于孩子们的整体文化素养的提升的，对于这些孩子来说付出的代价是惨重的。资金充裕的情况下，很多困难都会迎刃而解。除了这个最大的困难之外，个案学校的其他教师也在自己的具体教学中体验到了传承鄂伦春民族文化的真实困难：①

和其他学科相比，鄂伦春语言课在具体的实施中可谓举步维艰。Z 老师作为第一任鄂伦春语言课老师，对于她而言，一切都是未知的，她必须一个人试探着往前摸索。刚开始，Z 老师因缺少交流、研讨的对象感到万分苦恼。

那时候主要就是闭门造车，就我自己，如果外地哪里有教的，我们可以互相探讨一下，他有好的经验推荐给我，我有好的经验推荐给他。（访谈 Z 老师）

随着鄂伦春语言课进一步开展，困难不断地冒出来，具体而言，主要包括教材不适合、资金短缺、缺少语言专家以及缺少服装、磁带等相应的课程资源。

1. 教材太难为孩子了

X 鄂伦春民族学校在鄂伦春语言教材使用方面大致经历了两个阶段。

---

① 杨宏丽. 人类学课程设计模式的研究：以黑龙江省 X 鄂伦春民族学校为个案 [M]. 长春：东北师范大学出版社，2011：124—130.

第一个阶段是 Z 老师自己编写教材,并且由 Z 老师本人使用。第二阶段是 Z 老师退休之后,学校采用了 H 研究员编写的教材,目前有两位老师来担任鄂伦春语言课的教学。当谈及目前使用的教材是否适合孩子的时候,Z 老师本着为孩子着想的立场,直抒胸臆:太难为孩子了!

Y:你认为现在用的这个教材有点不太适合学生,有点复杂?

Z:有点复杂。我觉得对学生太难了。我觉得应该用比较简化一点的。对他们来说,鄂伦春语言本来就是挺难的了!黑河师范的老师那次采访我。我说,现在孩子学这个太难了,因为他们不懂语言,不会音标,跟学外语一样,太难为孩子了。

Y:因为这个教材是 H 研究员编写的,如果他在这,你敢不敢提这个建议?

Z:我倒是敢,我觉得为了孩子着想,我想让他们学得轻松一点,高兴一点,学得快一点。你想如果太难了,他一看就难,往下就不想学了。我是这么想的,能接受的了才会爱学啊,他接受不了,肯定不爱学。厌学,怎么办?没办法进行下去了。得想各种方法啊,让他觉得这个年龄段适应这种教法,用这种教法。高一段的适应什么样的方法呢,他接受能力强的,教一点难一点的。我大概看一下,觉得那个音标太复杂了,孩子们能记住吗?他才小学阶段啊,他还得学汉语拼音呢!到中学,他得学英语,再加上我们鄂语。这三种语言有的写法都一致,他怎么一一分别记它呢?这是个矛盾,我觉得,还想让孩子学,还觉得太难了。(访谈 Z 老师)

Z 老师非常体谅孩子们的难处,又很珍视自己民族的文化,对孩子们而言,学习鄂伦春语确实又有些难,这样 Z 老师陷入了矛盾之中。

现任鄂伦春语教师 J 认为,教材当然有问题!主要就是教材和实际情况脱轨。这样给实际教学带来很多麻烦。

Y:你觉得用这个教材有没有什么问题呢?

J:当然有问题!就是专家这方面比较欠缺,有些意见不能达成共识,有些研究咱们专家也不太了解。

Y：就是专家少，有些专家也不了解这些实际的情况。

J：包括 H 研究员（现用鄂伦春语教材的著者），他是本民族的，也是比较优秀的，但是有些问题我们提出来，他也解决不了，这是一个遗憾。（访谈 J）

另一位鄂伦春语言教师也坦率地表达了自己的想法。该教师参加过 2006 年暑假在哈尔滨举行的鄂伦春语言培训。对于此培训，该老师并非很满意。另外，教材没有考虑到每个地方的实际情况，X 鄂伦春民族乡由于其自身的独特性，在很多方面，和教材都有冲突，这样导致教材的适用性差。

Y：前几天你也说过，因为咱们用的是 H 老师编的那个教材嘛！您觉得用这个教材的过程当中有哪些不适应的，或者困难呢？

Y2：我在教材培训的时候学得不是那么深入，稀里糊涂。这次培训我就是把教材上错的、不好的地方，编错的地方改正过来，也没有再深入地去学习。培训的时候按照国际音标拼了拼，的确是会。然后回来之后，呆一段时间，再去拼的时候就觉得很生疏，拼的就发硬，音也不标准，就是感觉挺难的。然后教材中有些词语吧，和我们当地还有些冲突，就像那个十八站的地方跟 H 研究员编的教材也有冲突。我们这两个地方的语言几乎是差不多的，但还是有冲突的。（访谈 Y2）

Y2 教师还讲到，目前使用的教材没有考虑到孩子的身心发展特点，难度不太适合孩子。对此，Y2 教师还对该教材进一步的修改提供了宝贵意见。

Y：现用教材的难度适合咱们孩子吗？

Y2：就教材啊，那上册看着挺简单的，下册就稍难一点了。要如果说下册用在低年段的话就根本不行，篇幅较大，生词也特多。我觉得一篇课文，就像英语，有时也有生词，生词应该尽量简单化，少一点。课文的篇数稍微多一些，每课的生词少一些，学的课文多了，孩子慢慢就积累起来了。比如一年级的小孩，也是刚接触拼音，咱们可以设计一些图画、问答的形式、填空的形式、连线的形式，这可以加强学生的记忆。通过连线、填空、看图、说话这都行，让学生说，让学生练。中年级的就涉及图，教材中可以出现一些思考题、问答题。大点儿学生因为语言掌握多了，教材中就可以出现一些小论文的形式。（访谈 Y2）

除了教材难度不适合、教材编排的形式没有照顾到孩子身心发展特点之外，目前采用的教材还有一个突出的毛病：内容太多！

Y：还有其他的吗？因为咱们这教材啊、教学啊，肯定会有很多的困难，教材方面还有么？就现在用的这个教材

Y2：这编得可真厚啊！

Y：啊，就是内容比较多。咱们现在用几本教材，两本教材都用吗？

Y2：就是上下册，中学都不学。

Y：那就是小学呗！那小学就是只学第一册啊？还是两本都学？

Y2：我现在才教了一部分，而且才教一年级、二年级的小孩。教学进度也是可慢可慢的，课文中涉及的那些对话，我得领学生反复读好多遍，才能记住。这套教材不适合孩子，就稍微的几句话，一段话就行。他不像咱们天天说的语文，都是大篇幅的，一篇、两篇，他都读上来。鄂伦春话也是拐弯抹角的，而且现拼现凑，就像学英语似的。太厚了！如果说像十八站开的这个课，很多年了几乎就是一个老师，那个老师在家庭当中有语言环境，他学的时候就非常快。十八站学校里的孩子现在会说鄂伦春语的非常多，可以用鄂语话来交流，他几乎一个学期能讲一本课，但我就不行，就很困难，没有这个环境。在十八站的一些孩子几乎家长都说，现在跟我们接触的这些老人都说汉话，老人和老人之间说鄂伦春话，那孩子就茫然，不知道他们说什么，听不懂。（访谈 Y2）

鄂伦春语言课是一门正在建设中的课程，因此需要一定的资金作为支持，但是实际情况是资金严重短缺，这样 X 鄂伦春民族学校就无法对其他地方进行调查研究，也无法进一步扩大自己的交流范围。这一点笔者是深切体会到的，在 X 鄂伦春民族学校的时候，本来说好我们要一起去内蒙古鄂伦春自治旗考察，主要看看人家积累了哪些经验，有哪些可借鉴的，但是因为没有资金作为支持，我们无力拿出去内蒙古的差旅费，这样

这件事情就不了了之。当问及"目前面临的最大问题是什么"时，一位鄂伦春语教师作出了如下回答：

J：第一个，最大的问题就是资金问题，就是钱的问题，因为有些问题要靠资金去周转，光靠学校是不行的。咱们鄂伦春族在黑龙江省分布多少啊，你要想系统了解，得把各个地方都了解到。这你也知道，我不可能走一家就代表权威了吧，最大问题还是资金，有资金就好运作，争取资金，再去考察。（访谈J）

2. 缺少专家

目前鄂伦春语教师都是年轻的鄂伦春青年，由于年轻，没有过山上生活的相应经历，他们对鄂伦春民族文化并非十分了解，因此，在上课的过程中会有很多亟待解决的问题，但是目前的困难是，这方面的专家特别少，这些专家既包括对鄂伦春民族文化有专门研究的学者，也包括实际经验丰富的鄂伦春老人。

Y：假如现在有足够的钱了呢？还需要什么？

J：还得有语言专家，这个语言专家得有个前提，必须得懂民俗、文化，这才是专家，还得多去访问一些仅有的鄂伦春族老户。（访谈J）

Y：再一个就是本民族跳舞的老人也少，年轻人也少。我想再学一些舞蹈，我就寻思能不能街里有会的人或什么地方有会的人，亲自下来教一遍。我听说过去省里还专门来人给咱们教舞蹈，那天我没赶上。就是我们以前有个老师，她就是别人下来教跟着学的，她现在当会计了。有时她不回来，我也没法去找她，因为离着远！

Y2：我小的时候头几年过大庆的时候，我也会跳很多舞蹈，村子里面那些小姑娘啊，小媳妇也有很多，就教我们跳舞蹈。那时候上初中嘛，跳舞的人也特别多，现在一般都上街里了，连我们的小一辈，我们本身也没什么经验，跳的舞蹈毕竟还是少，我感觉我掌握的还是少。（访谈Y2）

3. 借服装、磁带难

鄂伦春语言课实施需要一定的课程资源作为支持，由于没有足够的资金作为实施保障，因此，在实施中很多方面难以运作。现任鄂伦春语教师在借民族服装、借磁带的过程中遭受很多白眼,这让她着实难受。

Y2:唱歌的时候吧,没有以前老人唱歌曲用的那样的竖琴。现在教的时候就挺困难的,也挺难搜集。学生要穿的民族舞蹈服装,上乡里面借的时候不太方便。咱学校有民族服装,但那个不好。外人来的话,咱们学校那个服装太普通了,乡里面的比较好。我那时候上哈尔滨我穿的服装你看到了吗?我们就带着孩子去试了借了好几家,都借不到。有的人还不愿意借。

Y:有时候借服装的时候挺难的,假设说咱们自己要有钱的话可能就会……

Y2:自己做一家一套,那样就好了!男女一人一套,连小孩就是,中等身材的小孩妈妈也都可以穿。来人的时候,小孩跳舞的时候小孩穿。如果访大人的话,家长穿,这样就行。不一定说家里每人发一套。再一点,如果说家里人发一套怕丢的话,那么乡政府可以把所有的服装都收集到一起,放在他们那个展览馆里统一管理。谁要是借,可以登记,这样不用上别人家去借,不用去看别人脸色借东西了,否则都挺为难的。我们有时也弄丢过服装,或弄串过服装,这些人家都挺不乐意的。(访谈Y2)

Y:还有其他的一些困难、想法吗?

Y2:学生跳舞的时候也没有磁带录音。服装倒是好说,就这一套服装来回变换着穿,主要就是没有录音,没有磁带。

Y:这些都没有?

Y2:咱不说光碟什么的,最起码得有歌曲的磁带。跳舞的时候才好编,不管是悠扬的也好,快节奏的也好,这是最大的难处。比那些服装还难。

Y:那你说这个怎么解决呢?

Y2:街里不少老人都会唱这个歌曲。如果说国家要是重视这个事的话,他就应该相应地给录个磁带,让这些老人唱,然后加一些伴奏,唱完之后录下来。(访谈Y2)

4. 时间不够

鄂伦春语言课作为校本课程一周一次，有的时候学校由于忙于其他的事情，就暂停。另外，去掉节假日，鄂伦春语言课的课时就更少了，在短短的时间内，让学生理解鄂伦春民族文化的确有些困难。

Y：有没有必要通过什么方式，如在学校里开这样的课让它传下来？

Z：学校里不都是我们民族的孩子，他有各个民族的孩子啊，我们的习惯也都不一样啊。我开鄂语课的时候课时也特别少，一个班一周就上一节课。你想想，间隔一周，今天学这几个单词，比如说10个20个单词，到下周他也忘了一半了，所以这个挺艰辛的，也挺苦恼的。后来也没办法，也不能挤其他科啊！再有，有的汉族孩子多的吧，他们就觉得我们学你们语言没什么用，他们肯定有这种想法，是不是？他们学起来就没有积极性。（访谈Z老师）

Y：还有其他的吗？我想困难一定会很多，尤其是去做的时候。

Y2：跳舞的时候，有的时候学校给的时间不够，就挺仓促的，就给你一定时间让你把这支舞练成型，学生也忙，我也忙，有时候累得够呛，没有充足的时间。（访谈Y2）

目前学校教鄂伦春语言课的两位教师都是兼职教师，他们一方面要担任一个班级的班主任工作，教语文数学，另一方面兼教鄂伦春语言课，这样使得这两位教师都有种力不从心的感觉。因此，Y2教师建议，X鄂伦春民族学校应该学习内蒙古鄂伦春自治旗，专门指定一位教师来教鄂伦春语言课，这样能把鄂伦春语言课深入搞下去。

Y：还有其他的困难吗？你在这个过程当中遇到的，比如学校的管理，给没给一些什么相应的支撑条件，管理等，方方面面的。

Y2：从学校的方面来说，反正也给条件，让我们教育学生。学校这边也没什么，就是多媒体教学的时候，我说我们想用的话，就可以用。有时候就感觉可能是课时比较少，就有这个想法。再一点就是老师一天的工作量也挺大的，我认为如果想把这个民族教育搞起来的话，就应该指定一个老师去教。他不担任任何一科，静下心来教学，然后一周多分几节课，专门搞民族教育。这样，可以把歌舞纳入进去，也可以把其他的活动纳入进去，就一个老师来管，这是我的想法。

Y：因为你现在是咱们二年级的班主任，可能事情也挺多的，有时候没有这么多精力去研究，去想这些事，是吗？

Y2：现在，我还有些对话不会，如日常用语，有些我也说不上来，我就想去采访一些老人，然后记下来，传达给学生，教会学生们，我和同学之间练，同学和同学之间练，以后就可以进行对话了，不是嘛！但是本身我自己很忙，如果专门教鄂伦春语的话，我可以白天去拜访老人，创造一定的条件，再去教学。就是在十八站那个地方，有个叫 Gh 的女士，她就是专职的鄂伦春语教师。他们一周不是一节、两节课，是好几节课。歌舞她也会教。（访谈 Y2）

第三章

无文字民族文化传承中的教育选择历程

当对鄂伦春民族文化施以人类学课程设计模式的时候,这个过程会呈现给我们多元的教育意义。根据长期田野研究所搜集的资料,我们在资料的基础上进行了扎根分析,通过对资料进行开放式解读,展现在我们面前的是无文字民族文化传承的多彩教育画卷,在这幅画卷之中,既有对鄂伦春民族文化价值珍视的地方性知识,也有各文化主体与鄂伦春民族文化视域融合后的文化传承与创新,还有回归生活世界的核心教育原则等等。

第一节 独特性标志:鄂伦春民族文化
教育选择中的地方性知识

M:现在这工作也正在做,我想,许多优秀的东西还都继承下来了,比如说这个民族的勇敢、善良、淳朴,这样的性格是一代一代传承的,像文化、民间故事,还有一些工艺美术、狩猎的工具、生活资料啥的,都传下来了。

Y:嗯,那现在是怎么传下来的呢?

M:比如服饰,猎人还是穿他那个服饰,咱们的服饰他们没两天就刮坏了,刮没了,刮碎了。

Y：是，是。

M：你看那皮的，含皮的多抗刮啊！所以这能传下来。你像那个俄族区，画皮的，什么画皮碗拉，那都保存下来了，壳拉，还有抽旱烟地，一盖盖盖上那样地，这也有，花纹，那非常精致，那个东西都传下来了嘛，他装咸盐，鄂伦春的猎人人家有咸盐，咸盐篓子，那叫画皮篓子，画皮宠，搁咸盐他一点也不返潮，能搞多长时间都没事

Y：那现在人们还用吗？

M：现在很多鄂伦春家庭还用，他装咸盐用啥装？你问他，搁画皮筒装？不返潮啊，搁塑料袋的也好，那下雨天就潮了。（访谈M）

M：民族的文化、语言、风俗、生产当中的一些技巧都应该传承。打猎，打猎也是个技巧，动脑筋，也是智慧的表现。他为什么能把枪打准，你说他本来就三发子弹，这一天，都是买的，三发子弹，你说三发都没打到一个狍子，这你回去大人小孩吃啥啊，所以说就得千方百计我一枪能打中一个，完再打一枪，打中俩了。唉，驮回去了，大人回家，邻居再分分，五六家，孤儿寡母先分，然后邻居在分，就那五六家，完了回来他剩啥了，他所剩无几，好的都给孤儿寡母了，完了那，往往五六家，七八家一看，肯定是孤儿寡母那家是最富有的，粮食也有，菜也有，肉也有，这是冬天。夏天呢，肉干多。（访谈M）

Y：还有就是他当时住的那个，用我们现代话说就是房子，就是他们住的"撮罗子"，像这些东西有没有必要让孩子知道呢？

Zj：有必要，因为这是跟自然作斗争、生存的一种本领，很简单、很快地盖出一所房子来，在现在也需要，这是学会生存，这是一种能力。

Y：比如说，向学生介绍"撮罗子"的时候，有没有必要让他们到里边去住一下，也感受一下，体验一下呀？

Zj：有必要。

Y：那您说住的时候，是住原来的"撮罗子"呢，还是外边像"撮罗子"，里边是现在的房子这样的很舒服的呢？

Zj：就忠实于原貌，像我们现在的旅游景点里面就有"撮罗子"，也

可以进去住，我没有在里边住过，但是我进去过，在里面绝对不会遭罪。它这个设计非常科学，劳动人民确实很伟大，在自然当中取之于自然，还不违背自然规律，能够生存下来，我想一定有它的道理。

Zj：我觉得桦树皮好，因为它本身用的非常久远且颜色越用越美，还很轻，防虫。它有许多优点在里边，像鄂伦春人把它背在山里，怎样都不变形，很少变形，这些都是它的优点，它本身都存在，你比如说，用别的东西代替，它是否有这样的特点就不一定了，还透气，你用塑料就不透气。（访谈 Zj）

Zj：对呀。爱辉展览馆你去过吗？

Y：去了。还有这个下山嘛，他们就用他们这个摇车，一干活的时候把孩子挂到树上。

Zj：对，对，这个满族人也用这个摇车，挂在房梁上，就是这种车，晃悠晃悠的，就用这种车，桦皮做的。

Y：像这个还有必要（教给孩子）吗？

Zj：有必要呀，你这个（图片）收集的挺全的，这是它的刺绣。

Y：它当时用皮子拼的嘛，像这些以后也必须让孩子拼拼做做。

Zj：拼拼做做呗，这就是手工里边的内容，像荷包呀，这些还可以创造，不是仿造，用现在的材料也可以做，在这个过程当中，它只是一个素材。

Y：骑木马，花，手套上的花。

Zj：其实我没看这些的时候，我以前想这个给我的印象没有那么细腻，现在我一看给我的感觉也很细腻。

Y：有变化了想法？

Zj：有，它生生世世存活下来一定有根据，你看这个做得精细。

Y：这个就是采都柿用的，这上边都是齿儿，然后手握着这块儿，拿着就咔咔地用锯齿就把这个都柿锯到筐里。

Zj：你看过都柿吗？

Y：我看过画，没看过真正的都柿。

Zj：都柿用这种采法就是比较快的，要是有时间的话，就一个一个往下摘是比较慢的。像它这种就是比较快的，这种比较快的采下来之后就是那个叶一吹就没了，所以它弄得很快，弄得很干净，这是一种办法，我还没想到用锯齿这个来，但我采过都柿。

Y：这是用马尾巴做的，放在前面挡太阳的，还有刀、斧头、鱼叉这些东西，这是做皮活用的，这是针，一个有齿儿，一个没齿儿。这是狍皮风箱，就类似我们的吹风机，一拽就起风，让火烧得更旺。还有这些东西，这古针就是做桦皮的时候上面的小花纹。

Zj：对呀。

Y：就是用这个古针咔咔刻上面的，这要是熟练了刻得非常快，这是小花纹。

Zj：啊，是，那个桦皮我不知道你熟不熟悉，我熟悉那个，就是弄进去之后，刻个什么样它就是个什么印儿，痕迹留下，它不是手拿走了，他就起来了恢复平的，不是这样。（访谈 Zj）

如果文化文本如同文学文本那样具有可解读的召唤性质，那么我们从文本中寻找出来的意义也就不会是千篇一律和固定不变的，而应当是丰富多彩的，千变万化的，由此种意义构成知识当然也不会具备那种"放之四海而皆准"的性质。美国人类文化学者吉尔兹非常明智地采用一个定语来界分它，叫"地方性"（local）知识。具有文化特质的地域性的知识，故称为"地方性知识"。爱斯基摩人有关"雪"的几十种区分词汇，上古汉语中为各种家养动物的阉割所起的专名，如羊曰羯，狗曰猗，鸡曰阉，人曰宫，猫曰净等，皆可视为特定文化中所有的"地方性知识"。美国人类学家康克林在菲律宾的哈努诺族进行调研的学位论文《哈努诺文化和植物世界的关系》揭示出：当地语言中用于描述植物各种部位和特性的语汇多达一百五十种，而植物分类的单位有一千八百种之多，比西方现代植物学的分类还多五百项。由此可知，世上罕为人知的极少数人使用的语言可能在把握现实的某个方面比自以为优越的西方文明的任何一种语言都要丰富和深刻。"地方性知识"不但完全有理由与所谓的普遍性知识平起平坐，而且对于人类认识的潜力而言自有其不可替代的优势。①

鄂伦春民族在属于自己的土地上繁衍生息,基于人类生存的本能,在与自己生存的环境不断斗争与不断适应的过程中孕育创造了具有自己文化特质的地域性的知识,即地方性知识。这些地方性知识是现代教育传承的重要内容,它赋予现代教育特殊的使命。

这些地方性知识是鄂伦春民族生活经验的积累与传递。"鄂伦春的猎人人家有咸盐,咸盐篓子,那叫画皮篓子,画皮宠,搁咸盐他一点也不返潮,能搞多长时间都没事,搁塑料袋的也好,那下雨天就潮了。"

"他们住的'撮罗子',因为这是跟自然作斗争、生存的一种本领,很简单,很快地盖出一所房子来,在现在也需要,这是学会生存,这是一种能力。在里面绝对不会遭罪,它这个设计的非常科学,劳动人民确实很伟大,在自然当中取之于自然,还不违背自然规律的情况下,能够生存下来,我想一定有它的道理。"这些生活经验是鄂伦春民族在长期的生活实践过程中摸索总结出来的,这些做法是适应他们所生活的环境,这些生活经验在今天的鄂伦春民族还在继续沿用,仍然给他们的生活带来便利!这些经验就将成为我们教育选择的内容。

这些地方性知识展示了鄂伦春民族对美好生活的向往与追求。"这是用马尾巴做的,放在前面挡太阳的,还有刀、斧头、鱼叉这些东西,这是做皮活用的,这是针,一个有齿儿一个没齿儿,这是狍皮风箱,就类似我们的吹风机似的,一拽就起风,让火烧得更旺。"还有手工制作的荷花、骑木马。这些手工制作都蕴含了鄂伦春民族对生活的热爱,一针一线一刀一斧都寄托了他们对美好未来的向往与追求,反映出这个民族的平和善良的心态。

这些地方性知识是鄂伦春民族智慧的结晶,是在长期的生产实践中表现出来的,是人与自然的关系的体现。比如,"打猎也是个技巧啊,也是智慧的表现啊,他为什么能把枪打准啊。"在长期的狩猎过程中,要不断

---

① 吉尔兹. 地方性知识:阐释人类学论文集. 北京:中央编译出版社,2000.

地积累经验，训练技巧，提高射击的准确性，而且要世代相传，让下一代少走弯路，体现民族智慧。要让我们的孩子传递这些经验，学会思考，要善于积累，充分发挥自己的聪明才智，在自己的学习生活中磨炼自己，不断地适应社会，从而改造社会，使我们的明天更加美好！

这些地方性知识体现了鄂伦春民族的相互帮助、团结友好、尊老爱幼的民族精神。民族性的一个重要特征就是群居性，一个民族内部，人与人的相互关系是民族精神的核心。鄂伦春族，"打猎回来，孤儿寡母先分，然后邻居分，那就五六家，完了回来他剩啥了，他所剩无几"。"肯定是孤儿寡母那家是最富有的，粮食也有，菜也有，唉，肉也有。"如此和谐友爱互助的民族精神不正是我们今天所需要的吗！不正是我们的教育所要传承的吗！我们民族的振兴与强大就是要依靠这种精神！

第二节 选择与创新：鄂伦春民族文化教育选择中的视域融合

随着现代化的进行，每一个民族都要在现代化与传统文化之间寻找平衡，丧失现代化将意味着民族的贫困，丧失传统文化则意味着民族的消亡，这就在理论与实践上构成一组尖锐的矛盾。[17]在鄂伦春民族文化课程的人类学设计模式之下，各个课程设计者在进行教育选择的时候也在传统与现代之间寻找一种新的平衡。为此，个案学校所在乡的副乡长表达了如下观点：

Mg：你看我们鄂伦春民族舞蹈有表现狩猎的，有表现采集的，还有表现年轻男女爱情的。这些方面的舞蹈特别多，可以让他们就是说结合咱们上级有个群众艺术馆啊也好，专挑几个女孩子去培养，让她们学习舞蹈。她们学习之后，回乡采风也好，或者向老人学艺也好，把这些老的加以创新，融合一些现代的东西，保留能反映民族特点的一些东西，就是说把现代的东西也融合到里面，让这个鄂伦春民族发扬光大，让她学这些东西。

　　Y：您是觉得要把舞蹈融入现代化的东西，可是有人觉得那样就不是鄂伦春的东西了。您怎么看呢？

　　Mg：那你说京剧呢？我原来不太爱听京剧啊，但是现在京剧把那些器乐，原来就是光有二胡、鼓、镲，现在把那架子鼓啊啥的都加在里边了。我感觉挺便捷的。毕竟时代在变嘛，你不变就要消亡。你总成天翻过来调过去，看几回就没人愿意看了。对不对？你必须得有新东西加入里边。加入新东西，不是说新东西就反应不了民族的东西，没准把它加入里边，更能对鄂伦春舞蹈起到发扬光大的作用吧，是不是？

　　对于鄂伦春族特有的说唱艺术 mosukun，该副乡长也表达了同样的观点：

　　mosukun 艺术也是这个在山里散居时也好，定居时也好的口耳相传的一种东西。后来这种东西有它的符合当时的历史性。但是符合当时的历史性，就是说孩子学的时候吧，要把它的风貌大致地保存下来。但是你说取其精华、去其糟粕吧，把封建的东西就是说带有等级色彩非常严重的，歧视妇女色彩非常严重的可以给它去掉。在教的过程可以告诉孩子，这个原词是什么样的。让艺人、创作者把新的东西可以加到里边。比如说把歧视妇女的东西可以取代掉啊，那些词是歧视妇女的，现在是男女平等，我们加了一段什么，可以这样，属于叫扬弃吧，是不是啊？（访谈 Mg）

一、对鄂伦春英雄故事的教育选择

　　鄂伦春民族英雄是在鄂伦春民族历史发展中具有特殊性贡献和生存价值的人，他们的故事作为鄂伦春民族文化宝贵的一部分，具有重要的教育价值。为此，在人类学课程设计模式展开中，所有的课程设计者对于传承鄂伦春英雄故事几乎达成一致：必须得传承！必须让孩子们知道鄂伦春民族的英雄！但对于何谓鄂伦春民族英雄，不同的人有不同的理解。

　　M：哎，民族，历史上怎么回事，现在怎么回事，有哪些传统，我们得继承发扬,有哪些劣势,我们得克服。这就达到这目的不也就行了嘛,你说是这个吧?这就可以,把本民族比较优秀的东西给大伙讲一讲,古代是怎么回事,出现了哪些英雄,抗日抗沙俄时,不是孟哥县有一个嘛,孟英格利嘛,你没听说过吗?

Y:听说过,听说过。

M:姓孟的,那儿都有烈士碑,那是烈士小陵园吧,有一个烈士碑。

Y:是,有一个烈士碑。

M:抗日时候也有英雄。

Y:后来抗击北洋军阀的时候也有吧?

M:抗击北洋军阀的时候也有,清朝时候也有。

Y:哎,清朝时候也有。所以各个时期这个民族都很英勇善战,做了一些在我们看来很伟大的事情,这些事情要让孩子们知道。(访谈M)

对于英雄故事,个案学校所在乡的年轻的副乡长表达了自己的观点,即鄂伦春英雄故事不仅仅局限于过去,在当下的社会生产中也有值得孩子们学习的鄂伦春英雄。

Mg:英雄故事必须要让他们知道,结合学校的政治课,是不是?像一些汉族的英雄故事和少数民族英雄故事,包括北方各少数民族的故事都可以,包括本民族的都可以加到教材里边。整出来一个比较短小精悍、有现实意义的。比如教完之后,可以让他写读后感,结合现实谈论自己将来在学习上怎么做。在学习应用方面,在对待生产生活方面,在人的人生观方面,可以谈谈他的观点。

Y:英雄故事你觉得是选择那些当时那种,就是没下山之前的孩子们听这些故事,还是……

Mg:都应该选。你比如说鄂伦春族那时候在清朝,清朝雅格萨保卫战的时候也出过队伍,保卫雅格萨时也没少出力,出骑兵。像定居前一些舍己救人的故事,一些与山下其他一些民族比较友好、比较团结、比较健康向上的故事。还有新中国成立之后,定居之后,一些生产生活中涌现出的先进标兵啥的,是不是?

Y：本民族的。

Mg：对。生产队那时候的狩猎标兵啊，或者是……那时候先进是怎么称呼？反正都挺多。定居之前包括定居之后都可以。（访谈 Mg）

该副乡长认为鄂伦春的民族英雄不仅仅是在历史战争中涌现出来的勇敢人物，在现代化社会生产和建设中同样存在着鄂伦春的民族英雄。这样他以时代需要作为出发点，将鄂伦春民族英雄的内涵进一步扩展，这就是副乡长在与鄂伦春传统民族文化视域融合的基础上而对鄂伦春民族文化的传承与创新。以此为标准，我们认为 X 鄂伦春民族学校除了选择鄂伦春民族的抗战英雄等人物故事，还可以选择鄂伦春的第一个大学生、艺术多面手莫宝凤等人的故事，这对于激励 X 鄂伦春民族学校的学生具有重要作用。

鄂伦春第一名大学生的生活叙事。

Y：你能讲讲你个人的事吗？就是你小时候的事，生活经历。因为您本身就是鄂伦春族嘛，您的成长当中就会有鄂伦春的东西在里面，尤其您是鄂伦春人当中比较优秀的！

B：我是 1949 年出山的。

Y：那您是在山上出生的吧？能说说山上的生活吗？

B：我出生在爱辉县那地方，1949 年咱们黑河地区解放，那年协领公署召开鄂伦春民族代表大会，我父母参加代表大会，把我送来上学，到黑河，那时候上完小，当时学校有鄂族学生 20 多人吧。

Y：整个学校吗？

B：对，整个学校有这么一个鄂伦春民族班。一共有 20 多人吧，那时候上小学，后来读黑河完小，从三四年级，我上速成班。

Y：啊，速成班就是那种快班吧？

B：对，黑河完小应该是 6 年毕业啊，我 4 年半就毕业了。1956 年我加入共青团，同时考入了黑河中学。1959 年初中毕业，又考入黑河中学高中，同时被黑河协领公署保送到中央民族学院预科，当时组织上让我们学医，就是医学，准备三年高中预科毕业直接保送到北京医科大学，保送到本科医疗系。当时我呢，不愿意学医，所以组织就把我保送到学院附中高中，附属中学吧，我上的预科班。后来通过高中毕业我又考入本院政治系哲学专业。我们学了四年本科专业，马列主义哲学专业，中外哲学史、中外思想史、高等数学、高等物理，还有逻辑学、心理学，一共60多门课程吧！

Y：当时你们开的课很多啊！

B：对，因为哲学这个东西是自然科学、社会科学的总和。用一句话说，是天下的学问，包括宇宙。我是1959年上大学，考入中央民族学院的，当时正赶上国庆十周年，国庆十周年我参加了国家仪仗队，我们学院选派了200名学生参加国家仪仗队，就是拿着国旗走在队伍的最前面。

Y：那是相当光荣的一件事啊。

B：是啊，我是紧挨着天安门那边，看着毛主席。我在北京呆了七年，中学高中三年，大学本科四年，我的口音都有些变得京腔了。当时前面就是国旗，后面就是我们200人的国家仪仗队，后面才是那些游行的队伍。当时民族学院是调选的优秀的民族学生去的。

Y：哦，你们的队伍是少数民族组成的？是少数民族中的优秀学生组成的？

B：对，都是少数民族组成的，一个民族一个。

Y：一个民族只有一个？那您是非常优秀的学生。

B：对。那时大家热泪盈眶，第一时间见到毛主席，向我们招手。这个挺好，另外，1963年大学毕业的时候，周总理亲自给我们作了报告，5个小时，在人民大会堂。当年1963年毕业的时候北京各高等院校毕业是2万人，2万人听了周总理作的报告，在人民大会堂。万里副市长那时候积极地把自己的子女送到上山下乡，说是向万里副市长学习，就开始表扬他，就号召我们大学毕业以后不要留在大城市，要上边疆，回家。当时就这样，当时的毕业生没有一个留在大城市的。

Y：就是当时整个北京毕业的大学生，都去支援边疆了？

B：对，都去，如果当时在大城市，我现在进中央民委都行了。

Y：那你当时觉得？

B：当时就一心想回来，参加民族地区建设。

Y：当时您回来受周总理的报告影响大吗？

B：对呀，那报告5个小时，从7点做到凌晨1点，等我们坐车回到学校都两三点钟了，大家兴奋的，根本也不想睡觉。

Y：那时候，你们都下定决心，然后这样，您就这样回到了这里。

B：是呀，就这样我就回来了。我们当时黑龙江一共有五个学生，有达斡尔族、赫哲族，还有一个朝鲜族的，朝鲜族的当时被分到公安局去了。

Y：那您分哪儿了？

B：当时我回到我们省以后，当时是省教育厅把我分到了齐齐哈尔民族学院当老师。但是，我不愿当老师，当时就把我分到黑河，黑河专署人事局就把我分到黑河专署民委，一直工作到"文化大革命"。"文化大革命"期间档案也没有了，后来我又去了"五七干校"呆了一年多，以后参加共产党工作队，再后来就分到了电影公司，做电影宣传工作。

Y：咱们黑河的电影公司吗？

B：对，黑河的。（访谈B）

艺术多面手莫宝凤的媒体形象[①]

鄂伦春族桦树皮镶嵌画、鄂伦春族赞达仁以及鄂伦春族萨满舞、日格仁舞刚刚被列入首批省级非物质文化遗产名录。具有英雄史诗性质的"摩苏昆"还被列入国家级首批非物质文化遗产名录。鄂伦春民间文学艺术是鄂伦春人游猎生活的重要组成部分，今年71岁的莫宝凤则是其重要的传承人。

"口弦琴哟天天弹响，故事歌哟夜夜传唱。狩猎人有唱不完的歌啊，人人爱听美的说唱。哪耶尼耶哪依耶哎，哪耶内呀哪西耶哎。青鸟白鸟双双飞翔，前辈歌手把人名遗忘。不是人名太难记哟，因为双飞鸟名字太

---

① http://chinesefolklore.com/News/news_detail.asp?id=1019.

响……"被猎民尊称为鄂伦春族民间口头文学语言艺术大师,今年已经71岁的莫宝凤,讲唱《双飞鸟的传说》时,声音依旧清晰流畅,婉约动听。

10岁成为对答如流的小歌手

1936年莫宝凤出生在逊克县,父母都是部落里的歌手。她从小就受到了鄂伦春民族文化的熏陶,从家人、客人和村民身上学到了不少民族的歌谣和故事。其后的游猎生活过程中,莫宝凤又学到了不少民间说唱。后来她全家迁居到陶温尔,她从那儿的民间艺人说唱和民间娱乐活动、萨满跳神中学到当地的口头文学、歌舞艺术,并开始学唱和自己编歌,刚刚十岁的她就已成为能对答如流的小歌手。

稍大一些,在雾都连鄂伦春人集中地,莫宝凤深入各家听讲故事。"多次迁居和游猎生活,使自己接触到不同地方的鄂伦春族文化,更全面地掌握了鄂伦春族的语言、传统文化艺术。"老人感慨地说。

鄂伦春文化工作者孟淑珍介绍,莫宝凤是全面掌握鄂伦春族语言、文化、宗教、民俗的第一人,讲唱时信手拈来,脱口而出,其即兴编歌能力和演唱技巧在鄂伦春族歌手中无人能超过,是当代鄂伦春族最会唱歌的歌手。这些都源于她自发的积累,没有明确的师徒传承关系,"这更难能可贵,对于鄂伦春族来说,莫宝凤是珍贵的财富。"

民间艺术的多面手

71岁的莫宝凤至今还在说唱,参加鄂伦春族的一些重要活动。

莫宝凤的歌词具有韵律合宜、语言精练、和谐优美的特点,故事形象夸张,语言诙谐,比喻恰当,讲述时风趣生动,现场气氛轻松热烈。她不仅会跳萨满舞,能唱"摩苏昆",还能制作鄂伦春族的很多桦皮制品。莫宝凤的讲唱在本民族中广受欢迎和尊崇,在鄂伦春族的一些重大活动中,她都有参与。莫宝凤也正是利用这些机会将自己掌握的文学艺术进行传播。

由于一生僻居边远地区,莫宝凤的讲唱、歌舞活动只在鄂伦春村庄里和聚会上进行,没有参加过大型的比赛、公开的表演。1978年以后,她多次接待国内外有关专家学者和文艺工作者,为他们演唱,并介绍鄂伦春民间文化艺术，还提供了大量的民俗、民间舞蹈、萨满歌舞资料，为挖掘抢救鄂伦春族民间文化遗产作出了重要贡献。现在，只要有时间，老人还给鄂伦春的孩子们讲唱"摩苏昆"等，希望更多的鄂伦春人能掌握这些民间文学艺术。

眼下，莫宝凤讲唱的口头作品已被记录整理成多部长篇叙事作品和几十个短篇故事歌谣，其中包括《英雄格帕欠》（莫日根说唱故事）、《双飞鸟的传说》、《鹿的传说》、《雅林觉罕和额勒黑罕》等。

盼望民俗艺术后继有人

省民间文艺家协会的有关人士介绍，莫宝凤掌握的鄂伦春族民间文化和手工技艺制作是世代相传，因而具有很高的学术研究价值，对鄂伦春民族和北方通古斯语系的各民族的语言学、历史学、民俗学研究尤为重要。

现在30岁以下的鄂伦春青年多已不会讲鄂伦春语，更没人会做传统的桦皮画、桦皮船、桦皮器皿、兽皮制品、民族乐器和狩猎工具。在鄂伦春族的语言、口头文化、歌舞艺术和手工艺几近灭绝的情况下，莫宝凤的技艺更显珍贵。为了保护这位鄂伦春民间文学艺术传承人，最近，省民间文艺家协会将莫宝凤推荐为国家级民间文化杰出传承人，以便把她所掌握的技艺更好地传承下去。

"由于鄂伦春族没有文字，自己的演唱又局限于村里和民族聚会上，许多作品没有得到及时记录和保留，随着时间的推移，年事已高，记忆力下降而被逐渐遗忘，成为无法挽回的损失，感觉非常遗憾。我盼望着有传承人，把这些东西都能传承下去。"老人家焦灼地说。

二、对鄂伦春民族语言的教育选择

鄂伦春民族语言原本是在鄂伦春人民日常生活中用来沟通和交流的，这种符号所指的意义是通过生活而发生作用的。问题的关键是，现在已经没有鄂伦春民族语言得以存在的生态环境，在这样的前提下，学校鄂伦春语言课需要孩子们学习哪些语言？学到什么程度？这些问题就会有一些新的时代内涵了。鄂伦春老人对于孩子们学习鄂伦春语的要求不高，在新的时代语境之下，鄂伦春老人只希望孩子们能会些生活中的关键词语，而无须流利的对话。

Y：简单的话，就是说哪些话呢？

Wf：简单的话就是眼前的锅、盆、碗啥的比方说吃饭的时候拿筷子、拿碗啥的，能听懂的话，他听不懂啊。

Y：还有没有其他的要求呢？比如说您想让孩子们能想你那样说得非常流利？

Wf：他不能，这辈子他不带能的。

Y：你的意思是简单的会说几个词就行了？

Wf：也行啊。

Y：眼前的能看到的，接触到的吗？

Wf：对啊！要是一般的话也挺深的，比方说你也是鄂伦春人，我也是，我们俩什么话都能说。

Y：那你说有没有这样的孩子能达到这种程度？

Wf：他们不会，他们绝对不能！

Y：他们绝对不能？

Wf：嗯。绝对不能，他们舌头也硬。

Y：就是简单的会说几个词，知道一部分怎么说就行了吗？

Wf：也行啊！

Y：就是有人想要把孩子培养成像你们一样……

Wf：他不能，不能，不能！流通语言他不带能说的。

Y：比方说一个字一个字的差不多能，一个词一个词的能说，像被子啦，褥子啦，门啦，可披的衣服啦。

Wf：嗯。

Y：你是这样的想法吗？

Wf：一连串的他不带学会的。（访谈 Wf）

三、对鄂伦春歌曲的教育选择

鄂伦春老人在演唱鄂伦春歌曲的时候往往是随着情境自己尽兴编唱，之所以如此，因为他们是在用音符来表达他们内心的真实情感，打猎归来满载而归的喜悦会激发他们高歌一曲，来表示内心的喜悦。鄂伦春族传统的歌曲是曾经的鄂伦春人内心情感抒发的最真实表达方式。当对鄂伦春歌曲进行教育选择之时，根据目前人们的生存样态、时代发展的需要，各个人类学课程设计模式的设计者对鄂伦春民族歌曲进行了新的教育选择。

Y：那像咱这些歌、舞呢？

Wf：对啊，歌、舞也行啊！多学一些鄂伦春的歌。

Y：假如说，您想让孩子们学鄂伦春的歌，您想让他们学哪些歌呢？

Wf：鄂伦春的歌就是那个边唱边能编。

Y：自己能编？

Wf：嗯。当时都是自己编出来的。

Y：那您说现在让孩子们学呢？是学唱当时你们编出来的鄂伦春歌，还是让他们自己编呢？

Wf：他们自己不能编。

Y：他们自己不能编。

Wf：嗯。

Y：那就是学你们当时唱的歌？

Wf：对。

Y：那您想让他们唱哪些歌呢？就当时你们总唱的，您想让孩子们学会的。

Wf：哎呀，我也不会，那谁知道了！就老歌呗！原先那些歌。

Y：老歌都有啥啊？

Wf：经常的那些，他们。

Y：经常的？那您那时候总唱啥歌啊？

Wf：我不唱歌。

Y：那您听别人总唱什么歌呢？

Wf：我听的歌倒是挺多的。

Y：那您说说都有哪些名？

Wf：名字我说不上来。

Y：那是关于什么的呢？有没有说关于啥的，是关于爱情啊，还是关于什么的呢？

Wf：那是1950年的歌。那是怎么唱的呢？是新旧社会一对比，那样的歌。

Y：那是20世纪50年代下山之后唱的？

Wf：50年代刚解放的时候唱的，刚解放的时候唱的。嗯，刚解放的时候鄂伦春老人唱的，老的鄂伦春人都是。

Y：那让孩子们学学这样的歌。那还有譬如说爱情的歌呢？当时因为在山上总是唱这样的歌！

Wf：也有。

Y：那您觉得有没有必要让孩子们学这样的歌呢？

Wf：也没啥意思。

Y：没啥意思？

Wf：嗯。

Y：爱情歌也没啥意思？

Wf：嗯。

Y：还有，听人家唱的歌想让孩子们知道的？

Wf：还有一个就是比方说咱们是岁数大的，这一帮岁数大的人喝酒，完了一个小孩就来了，这个小孩就过来唱歌："大娘大爷们该唱歌了，别喝酒了，哈尔滨人就来了，呆会儿哈尔滨人就来了，把咱们该笑话了，别喝酒了。"劝酒歌呗。

Y：当时你们劝酒歌是不是很多？

Wf：也有。

Y：同样是叫劝酒歌，但是不是有好多？

Wf：对，可能是。

Y：那内容都不一样是吧？

Wf：嗯。

Y：这样的歌也适合孩子们学，爱情歌不适合学，是吧？

Wf：对。我家的孙子孙女都会唱这样的歌。就是这个劝酒歌，我告诉你用鄂伦春语唱，我孙子、外孙、外孙女都会唱。

Y：还有吗？你想让孩子们学的？

Wf：就是当时在山上唱的那些歌，我不会，我想不起来了。

Y：想不起来了吗？

Wf：嗯。（访谈Wf）

四、对鄂伦春手工艺的教育选择

鄂伦春民族在漫长的历史发展过程中由于其生存的需要，就地取材，利用桦树皮和动物的皮毛，手工制作桦皮篓、狍子手套、帽子、衣服等。鄂伦春人当时在进行手工制作的时候，没有现代的胶水等材料，完全凭借自己的智慧进行手工创造，因此鄂伦春手工艺不失为鄂伦春传统文化的瑰宝。随着时代的发展，很多新材料出现了，并且现在 X 鄂伦春民族学校所在地方的桦树林并不很繁茂，在此前提之下，课程设计者如何对鄂伦春手工艺进行教育选择？通过田野研究，我们发现，课程设计者进行教育选择的过程中提倡让孩子们用胶水来粘等新的方式，这是鄂伦春传统文化在新时代传承中赋予的新内涵。

Y：还有像这些用桦皮做的东西有必要让孩子们知道吗？

Wf：行。

Y：那是让他们看看呢？

Wf：看看也行，看看他们也记不住。桦皮可多了，他们看看行。

Y：那用不用他们做呢？

Wf：他们不会做。

Y：那像您刚才说的，桦树皮的东西用胶水粘，行吗？

Wf：做那样的他们会。

（访谈 Wf）

Wf：孩子们还能学啥，像这样的让他们做活做不了，做活根本做不了。

Y：那你的意思是没必要让他们学桦皮，制手工什么的？

Wf：像那样做都是老式的，现在的做的都是粘的。

Y：那你觉得有没有必要学学做粘的呢？

Wf：粘的他们都能粘会。

Y：这老式的不行？

Wf：这样的不行，这样缝的费劲。

Y：啊，这样缝的费劲。

Wf：粘的能会。

Y：粘的让他们学一学？

Wf：粘的能会。

Y：那还要学其他的吗？还有其他的吗？

Wf：像那个做线他们都不会做。就是那个筋线，这一般的岁数大的，像我们这样的岁数，有的也不会，别看我们都是鄂伦春族的，有的也不会。

Y：有的也不会。您的活儿是非常好的，大家都说。那就是让他们学现在粘就行？学学语言？

Wf：嗯。（访谈 Wf）

X 鄂伦春民族乡的副乡长认为，在保持原貌的情况下，在采用新的胶粘方式、绘画方式对于鄂伦春手工艺文化而言是在新时代的背景下有效的保存文化的方式，也是一种进步和发展。

其他的民族文化，像这个兽皮手工业制作，在国家、咱们省里，省级非物质遗产保护项目已经批准了。在 5 月 30 日之前，咱们要向国家申报，对不对？从中央到地方也非常重视，咱们也定了传承人。传承人的责任及相关也都出台了。务必培养出来两个传承人，在 X 乡这一块，一个传承人再教两个徒弟。两个就变成六个了，是不是？像手工技艺，兽皮手工技艺和桦皮手工技艺的传承人，咱们让这些文化物种可以很好地保留或把它发扬光大。这也是非常可行的。现在已经就是国家也在着手落实了。我们地方政府也在积极配合。你看窗台那个，那个就是咱们新生乡政府一个退休干部做的。它就是把咱们原来鄂伦春在山里保留的那些桦皮手工艺品的特点，更加发扬光大了，使其更加完美了。采取新的胶粘方式、新的绘画方式，保留原来散居时候的风貌。但是说，如果说实用性方面，可能说照原来在山里散居的实用性可能差点。有时候胶粘的可能有开胶、有胶味的问题。这是一个弊端。但是从整体来说，民族文化还是继承、发扬、进步了。（访谈 Mg）

另一位课程设计者从现代环保理念出发，对桦皮工艺的教育选择表达了自己的观点：

再有就是动手制作这块，我感觉他那个桦皮艺术，到现在并不是很可取，因为桦皮一扒完之后，过去行，林子大，扒完一个两个不觉得咋地，现在你要都号召去做桦皮画的话就没什么意思了。他把那个树扒得黑黢亮光的，你往那边走你就看见了，本来白桦林是很好看的。过去林子大，人员稀少，他用桦皮做成篓，采都柿，带汤，带饭，现在如果再仿照那个去做就没什么意思了。它这个手工艺当中，桦皮是个最重要的东西，就比如说，莫宏伟，她就有很多东西，因此我不主张让孩子们学做这个东西，做的话一片林子就遭罪了，是不是？他要是能种树，然后再从那树上扒下来还行，所以这个我觉得只能是有老一辈的东西，欣赏欣赏就得了。那动手能力呢？他们有好多做的手套，可漂亮了！用袍皮做的，现在不是说用袍皮做，做自己本民族的东西，你就说汉人有几个会缝制？所以手工这块，我没想好，就是挖掘孩子动手制作这一块，我没想好。（访谈 U 老师）

按照辩证唯物主义的观点，民族文化发展过程中传承与变异的矛盾体现的是民族文化传承中的辩证运动过程。民族文化的变异并不排斥民族文化的传承，恰恰相反，民族文化的传承性特别明显地表现于现代化飞速发展的进程中以及新旧文化之间的"否定"性联系中。这种客观联系的存在，揭示出文化的传承性的实质就在于把不同时代的文化联系起来，使过去民族文化的经验更好地服务于一个民族在当代的发展。[18]通过田野研究，我们发现参与本研究的各个文化主体在对鄂伦春民族文化进行教育选择的时候，会与鄂伦春传统文化进行视域融合，在视域融合过程中会根据时代要求对鄂伦春民族文化富于时代内涵，在对鄂伦春民族旧文化的否定中完成民族文化的传承与创新。本研究中的各位参与者在对鄂伦春民族文化进行教育选择的时候，能够以社会发展、时代要求作为尺度，从而选择那些适合时代发展的民族文化要素，进入学校教育之中。在进行教育选择的时候，各位参与者能够对鄂伦春传统民族文化进行新的诠释，赋予鄂伦春传统民族文化以新的内涵，这样的鄂伦春民族文化是各个参与者与鄂伦春传统民族文化视域融合的结果。在视域融合中，鄂伦春传统民族文化完成了否定旧文化、赋予新的文化内涵的过程。

第三节 另一种解读：鄂伦春民族文化教育选择中的他者目光

本研究之所以能够开始，一个重要的渊源在于本研究团队人员与黑龙江省黑河市 U 老师的相遇。U 老师在本研究中身份有些特殊，她不是鄂伦春族，但是因为他外祖父、父亲等人的缘故，她对鄂伦春民族文化格外珍视。在本研究的过程中，U 老师曾向笔者讲起了她的生活叙事。

这个我感觉从个人经历来谈，我在农村呆的时间比较长，我长在农村！小时候在姥爷家，姥爷家那也是块风水宝地。农民家庭，我姥爷就是一名党员，很早，没解放时候入的党共产党员，但后来呢，那时候共产党不提倡发家致富，后来他就退党了。他在农村是靠自己力气发家致富的人，能有很多想致富的路子，养羊，用羊拉车、拉爬犁，他特别有路子。

所以说他是个很勤劳的人,也是个很倔的人,所以说,我能理解他,虽然在这个屯子里头,大家都觉得他是个倔老头,但是大家都很尊敬他,他不是那种好吃懒做的等着共产党给补助的那种人,就是非常勤劳,发家致富。所以我觉得那时候在农村上学的时候,条件非常不好,但是我书读得还行;后来回到城里上学,然后每年暑假也都上逊克去,那儿的人也有鄂伦春人。那时候我姥给我讲有胡子,鄂伦春人是骑猎民族。后来我父亲到黑河,被下放了,下放到嫩江霍龙门,下放之后呢,我父亲也干农活,跟老百姓一起干农活,在那里有几个好朋友,有两家鄂伦春人。一家姓莫,一家姓关。姓莫这家是当时立过功,就是打国民党、打日本时立过功,他家人非常好,与周围邻居的关系处得好,另外民兵的枪什么的他都帮着收拾。就像我哥说的会造枪、打猎,然后每年打猎,打狍子、野猪什么的,回来都分给乡亲们吃,就那家人特别好。父亲下放以后也非常不高兴,他是13级干部,本来应该在工作岗位上,被打成"走资派"以后只能在那下放,但是找到了一个朋友,经常去他家,就是干完活,晚上就上他家去,所以我们也经常去他家。那时候就对鄂伦春人非常好奇,觉得他们非常讲义气。

Y:那时候你多大?

U:那时候也就9岁,八九岁的时候,小学才二年级嘛,三年级。我有个同班同学,是鄂伦春族,就是姓关。他比我高一级,但是我们在同一个教室里上课,就是复式班,那小孩爱打架、摔跤,不爱上学。有一天就服毒了,好几天家里都找不到他,后来发现他在家里门口那树上,蹲在那树上死了。吃的是什么呢?就是把面和上糖精,做的发面的东西,然后用火烧,吃了就死了。

Y:他是故意的呀?

U:对,他不愿意读书,家里就打他!但这件事呢,我当时记忆很深,我感觉少数民族的孩子和汉族的孩子有不一样的地方。那小孩,他不烦人,可能老师不太喜欢他,家长觉得他不太学习,但那小孩挺讲义气。因为我是城里去的,可能那些孩子,男孩、女孩对我的印象不一样,读课文我读的可好了，一到读课文的时候，老师就招呼我起来，反正那相当静了，听着你读，那就像欣赏似的。我就觉得这个孩子，这种死是我就接受不了，我就想，就这样地死去了？后来我们家从嫩江搬回黑河以后，和他们联系就不太多了，但是脑子里还是老莫家那个大姐姐，还有他家那个孩子，印象非常深，就是总上他们家去，因为我爸爸有这么一个朋友，在我爸爸最艰苦的时候，这个人不嫌弃我爸。像那些农民就觉得我爸是"走资派"，不搭理你，后来觉得我爸为人还行，就好一些。但他就知道，我爸是领袖，因为当时解放他们的时候，从山上把他们请下来的时候，我爸跟他们关系确实不错。所以我就是因为从小，我父亲这一段，我印象还是非常深的。

再就是我中学毕业以后，然后又下乡，当农民，又考学，考上之后就想了，还是当个老师，就考到师范院校，毕业以后又到农村当了三年老师，再从农村到城里，然后就进了这个学校。干起工作来，我觉得是凭我自己，家里的影响也很重要，我父亲对我要求很严格，我们这些孩子没有说靠我爸爸找工作的，没有。房子也是。我父亲临死之前就觉得一件事情没有做好。因为我哥和他一个单位，我哥当兵回来之后就分配到我父亲单位。因为当兵回来之后都回父亲单位。我父亲当时在行署，还没退休呢，我父亲应该给我哥要个房子，因为都在那，就不应该让我哥和我父亲住在一起。我爸要了，但是人家不给，人家说，你儿子跟你住挺好，就别要了。那相反有人给自己家要好几个。为这个儿子要，那个儿子要，给姑娘都要个房子。当时，我们也觉得这件事就是不公平，并不是说给每个孩子都要个房子，但是最起码他跟我工作在一起，应该享受分房。但是这件事反正后来我们家就觉得无所谓了，我父亲管他，但我们就像平常老百姓，不把这件事当成很重要的事。我爸去世后，我整理我爸的东西，我觉得他的经历值得后人去研究。实际上他是华中建大毕业的，属于大学毕业，但他在简历里从来就填初中毕业，他认为他华中建大没念完，好像应该念3年，但他念2年就参加了中国共产党。我觉得他这个人很伟大，你像那时候如果把自己写上大学的话，就可以有15块钱的科技津贴，倒不是这钱多少，这是一个人的名。华中建大现在也有，上海专门有他的第几级通讯录，定期活动。他们还办一个杂志，就叫"大江南北"，就是写这些人的工作情况、丰功伟绩，专门写。就是觉得我父亲他有这个学历，但他从来都不写。过去他在黑河当专员的时候，他的发言稿从来都不是秘书写，都是他自己写，一晚上写出来，今天发完言，明天黑河日报一登，就是小页的报纸，后边整整能登上半版，就是你现在去查，也能查到当时我父亲自己写的东西。当时我就不太明白，因为初中毕业，一看写那东西，当时咱们没认真读，主要都是农业方面的，因为他主要抓农业方面的，但是这些东西都是他自己写的。所以他很能抽烟，一些东西就思考，所以写一晚上烟能抽一盒两盒的，都是他自己写，所以我就觉得父辈打江山也好，守江山也好，都很不容易，咱们还有什么。人家说我父亲刚到孙吴县的时候，两任县长都被土匪给杀掉了，然后他在那里当公安局长，就是要抓这个土匪，要不然谁去还为啥？谁敢去呀！他就给收拾了。当时也说用多少块大洋悬赏他的头，但是土匪还是没干过他，他挺厉害的。就这点来说他还是挺厉害的。然后由孙吴县调到逊克县，当县长、县委书记。新中国成立以后定的 12 级。

Y：专员是什么意思呢？

U：专员就是黑河专属、行政专署，他直接归省里管。管辖的地区不是市，也不是县，是个专区。

Y：他就是总负责的呗！

U：还有比他大一点的，他是副专员，当时。但是副专员很少，专员也很少，就属于下派的，派过来的干部，但我感觉他在这方面留的东西很深。

因为父亲对自己潜移默化的影响，所以 U 老师对于鄂伦春民族文化有些了解。对鄂伦春民族的特殊情感也会促使该老师在面对所交的鄂伦春学生时，多些关心和理解。她讲起了教学中和鄂伦春民族孩子交往的故事，并阐述了自己对鄂伦春民族学生为人和善等美好的印象。这种他者的目光，让我们从另外一个侧面看到了更真实的鄂伦春人。

你这个民族照汉族也好，照其他民族也好，有很多优秀的。我们民族最优秀的，不一定非得跟汉族比，我跟那个谁谁比，我就跟自己比，因为他毕竟是由原始社会直接进入这个社会。我们系有好多孩子都是鄂伦春族的，他学的是慢，那数学就是10分、20分的，但是这些孩子很爱劳动，与别人交往过程中很能谦让，不抢，不夺，不打，你别看他们打猎好像生性，但他与人交往的时候不是那样的，很友好。即使打仗也是抱不平，所以你说那数学让他学得跟汉族孩子一样，那可能吗？包括外语都是，2001级那几个毕业的孩子找我："老师啊，我们是鄂族孩子，我们学汉语就当外语了，现在再让我们学英语达到什么水平，太难为我们了！"我说："你尽力考，你尽力学，你尽力了，老师会帮你想办法，是给一个补考机会，还是找老师再辅导辅导，你就把心放在肚子里就行了。"我想他们有自己的语言，再学汉语、英语，这等于三门语言，挺难为他们的，所以我觉得政策上也应该考虑，咱们国家把英语看得这么重，考研、晋职称都看这么重，对有些人来说就不够人性化。所以他们在我系念书的时候，我还是经常照顾他们。你想让他，他就是答不上，数学就是不会写，能算加减乘除，就是代数运算还行，几何运算就差了。我们系呢，我接触的有20多个孩子了，就像孟蒙他们那一批就10多个，但是现在在小学当老师，像那孟蕾，孟蕾当时学数学就是将打将及格，但现在在小学当老师还是最优秀的呢！见着我跟我说，老师我在那是最优秀的！我见着他们校长，问孟蕾在那干得咋样？校长说："可好了！学生家长可爱把孩子送到他班了！"他就是为人处世挺和善的那种。（访谈张学英）

在U老师的身边有一位非鄂伦春民族的鄂伦春舞蹈家，这位老人年事已高，这让U老师对鄂伦春舞蹈等民族文化的传承有了许多的担忧！

其他的，我感觉现在跳这些舞都不是，我真看过鄂伦春舞，但现在跳的舞都是汉人编的鄂伦春舞，现在所有舞台上的形式，很少有原始的，就是最开始那些。因为我看过张××跳的舞，就是我在嫩江的时候看过老莫家人跳舞，和这个现在舞台上跳的不一样，真就是不一样。那是很纯的，真就是打猎回来围着篝火跳，很高兴的劲，很生活的，现在就是太舞台化了，刻意整成的舞台上的东西。

　　Y：你的意思是让鄂族孩子……

　　U：对，首先是自己的舞蹈，自己的歌曲知道是什么样子的。她应该知道，再不挖掘、再不整理出来的话，就包括张××那舞蹈，再不整出来的话，那么假的就把真的给淹没掉了，我就觉得这个东西很可惜。因为张××当时写这个东西的时候是我支持她写的，在最困难的时候，别人都瞧不上她。她在文化宫扫厕所、扫地，回来很憋屈，然后我就说，你把你那些东西写出来，她天天上我家唱、跳，所以我家就成了她发泄情绪、抒发感情的地方。她难过的时候上我家哭，她高兴了上我家跳，没钱了上我家借，经常借我妈的钱。我感觉她把你当成亲人了，完了我就鼓励她，那你就写吧，她写的好多东西都看过，她写的舞蹈当中，动作都是她自己在那做，在那跳，然后找一个也是他们文化馆的一个人给她画。那个人也遭受巨大打击，身体也不是很好，画得都很好，所以我就觉得这个舞蹈，她当时是十三四岁，正好跟一个鄂伦春人学的，她跳哪个都挺纯的。你想想她现在都七十多岁了，而她当时学的那茬人几乎没几个在世的了，如果这个真舞蹈不出来，现在这些汉化了的舞蹈，把原来那些都掩盖了，假的说不定就变成真的了！她有很多歌，但是咱们上次采访孟淑珍，她那也有很多歌，反正我的想法就是借助于歌舞传承他们的东西，编成磁带，或者整成录像，然后结合他们的语言，这比他们现在单纯搞语言要好一些。我就是这么想的，就是编的时候，呈现形式，既有歌，又有舞，还有鄂伦春民族英雄的小故事！这个鄂伦春小故事我想就是弘扬这个民族优秀的东西，也鼓励孩子应该说自己是鄂伦春族最棒的！和汉人相比，我们是民族中优秀的，但我觉得现在这个东西少。你看咱们访谈这几个，有民族自豪感、民族自信心的，你看这几个岁数大的就能看出来，不是非常多，他被汉化以后，和汉人相比不如汉人，汉人心眼多，他们比较实在，就是这个东西，我觉得还得做。（访谈U老师）

　　对于鄂伦春民族文化是否应该传承以及如何传承，传承哪些内容，U老师表述了自己的观点：

那个不一定，反正他没有文字，有语言，但现在语言四十岁往下的都不会说了。40岁往上的，五六十岁的说的还挺好，40岁往下的都不说，这样我们应该让他们懂得他们的历史，懂得他们优秀的东西。你看我觉得他们和自然相处的时候，他们是个游牧民族，打猎打一段时间以后他就换个地方。这样的话，他也是保护那个地方的生态平衡，要不然他总在那儿打，打光了，就把他自己也饿死了，换个地方，这本身也是适应环境的一种方式。住的那个撮罗子也好，吃生肉也好，逐渐吃熟肉也好，都是一个变化，但我觉得他们和自然的关系还是很亲密的，那种不怕风雨，和风雨作斗争的精神，实际上现在的孩子正缺少。就回归自然这种东西，他们是一点都没了。不光他们没了，实际上汉人也不行，汉族现在也都是温室里的花朵，所以应该把这个东西继承下去。所以应该学历史！他们自己民族的人要懂得自己民族的历史，但是现在孩子们懂得太少了。就像你说咱们汉族学习汉人的历史、地理，去研究历史，让汉族的孩子们从历史当中得到一些东西，那他们那个民族的历史也应该值得借鉴。所以我感觉必须拯救，再不拯救，六十多岁、七十多岁的人一过世，四十多岁的人再不给子孙后代讲，再不开这课，那真就没有了！（访谈 U 老师）

U 老师给了我们另一种看鄂伦春民族文化的视角，即他者的目光：[①]

人类学与其他学科相比，一个最为显著的区别就是表现了对差异的专业性关注。对不同于本文化的他者文化的关注是人类学的主要研究内容，在对异文化的研究方面，人类学强调"他者的目光"，即站在他者的角度试图去理解他者的文化，也就是以文化观文化，站在一定文化的语境下去理解处于该语境下的文化。本研究中 U 老师本人并不是鄂伦春民族，但是她能够站在鄂伦春民族的立场上去理解鄂伦春民族文化，站在鄂伦春文化语境之下去理解鄂伦春民族文化，并在此基础上对鄂伦春传统民族文化进行富有意义的教育选择。作为人类学精神的体现，我们认为，他者目光在本体论意义上把自我与他者看成共生共长的存在，在认识论上实现了从

[①] 杨宏丽. 课堂文化冲突的多视角审视 [J]. 东北师大学报：哲社版，2006 (5)..

对象性思维到关系性思维的转变，在价值论层面上体现了对多彩生命以及多元文化的尊重与理解。"他者的目光"在文化主体的自身存在与其他文化主体的存在之间架起了一座桥梁，当站在他者的角度去理解他者的文化时，"我"与"他"之间并非是不相容的、不可调和的，在存在的意义上，我和他是一道成长的、和谐共生的文化主体。以此理念为指导，不同文化主体之间的文化宽容会出现，文化宽容要求文化主体不要以自己的价值观作为衡量其他一切文化的唯一标准，这样只能让自己封闭在自己的文化当中而造成与其他文化的孤立、分离，不利于自身的进步与发展。在认识论意义上，"他者的目光"实现了文化主体认识事物的思维方式的转变，"他者的目光"要求文化主体不但把他人他物作为认识对象来考察，还要从二者关系的角度来探究，若二者的关系进入到文化主体的视域当中，这时候，文化主体与他人他物也就结成了平等的"我"与"你"的关系，文化主体也就不仅仅从认识对象的角度来处理他人他物，还从关系的角度来对待他人他物，这种从对象性思维到关系性思维方式的转变对于鄂伦春民族文化的教育选择具有重要意义。在价值论层面上，处于他者语境看他者文化必然使他者的多彩生命得以体现，也使多元文化的和平共处成为可能，多元文化之间的差异得到尊重与理解。因此，"他者的目光"使得多彩的生命得以张扬，多元的文化得以对话，也就是费孝通老先生提出的"各美其美，美人之美，美美与共，天下大同"，从而实现尊重自己和异己文化，兼容并蓄，各文化之间和平共处。

第四节 回归生活世界：鄂伦春民族文化教育选择中的核心原则

鄂伦春传统民族文化是鄂伦春人民在其历史发展过程中用智慧谱写的宝贵财富。相比较而言，鄂伦春传统民族文化是鄂伦春族在山上游猎生活的历史写照。鄂伦春传统民族文化就是鄂伦春人民根据生活需要，在生活之中产生，并为生活服务的，因此鄂伦春传统民族文化是和鄂伦春人民的生活浑然一体的。当对鄂伦春传统民族文化进行教育选择的时候，本研究的诸多参与者一致倡议：被教育选择了的鄂伦春民族文化应该回归生活世界。对于此问题，鄂伦春老人建议道：

Y：那您说是假设说一本书的话，那是假如说这块儿是歌，这块儿是舞这块儿是语言，还是这块儿是手工艺，制作分成几块呢，还是怎么去编呢？您觉得好呢？

Wf：这原先人家也不乱分，原先这是随着生活做。

Y：原来是随着生活做，不是把它分成几块。

Wf：不是分几块，现在是什么季节？夏天必须得夏天做的，没有冬天做的。

Y：那您的意思也是让孩子们随着季节学这些东西。

Wf：就得随季节，主要原因冬天的时候没有桦皮。

Y：必须得夏天的时候做这个画皮的手工艺品。（访谈 Wf）

个案学校所在乡的副乡长也主张要让孩子们参与到生产生活中去，从而在生产生活中学习鄂伦春民族文化。

课程，一个是课堂教学，课堂教学挺关键。第一手应该着重课堂教学。第二手应该让鄂伦春孩子参与到实际社会生活中去，包括狩猎、采集山野菜、钓鱼。现在就是说在课堂的基础之上，脱离课堂，但是不能说完全脱离课本。

对。让他们参与到生产生活中去。就是说组织一些会说的，包括民族语言教师或组织一些老人，象征性地给这些老人一些讲课费。给一些别的这块，就是民族语言掌握比较好的人，参与到社会生活当中去。比如说大伙一起采集这个山野菜，采集山野菜的过程中，我们就是重点教这几个山野菜的说法。蕨菜怎么说，老山芹怎么说，这是在山里。我们原来在山里散居，就说你爷爷那时候，我们主要吃的就是这些山野菜，不种豆角茄子。这个孩子记得肯定比较扎实，就是说学和玩结合。因为啥，孩子吧，上课觉得枯燥，下课也没有环境。上课让他背完了，当时记一个小时，回家不熟了，记东西就两堂课，然后就忘了。一周可以组织一次，就是说劳动实践课，生产生活课，是不是？也可以采取孩子喜欢的，你像这个交流啊、比较近的交流啊，契尔丁垂钓啊，钓鱼啥的。就是这样和语言课结合在一起。

你可以一年组织到咱们野生动物养殖场看看。就是现场说说这个熊，教师可以教熊应该怎么样去称呼。学生看这个熊，比在课堂看图画强多了，记忆可能要深点，是不是？应该可以这么说，是不是？就是说学什么并茂？

就是在活动当中学，那意思。（访谈 Mg）

该乡的副乡长由于有过当教师的经历，因此对于如何进行鄂伦春民族文化教学有进一步的深刻建议：

住到里边都是树皮啊，树皮，中间可以架火。比方说领他们在外面，就是说这是咱们民族以前在山里散居住的房子。这房子就是夏天用桦皮搭的，冬天是用兽皮，然后教他们民族语言怎么说。进去，当他们生火的时候，教他们火怎么说。火神，再教他们一些民族祭祀。主位是什么位置，西边是什么位置，是不是？马鞍啥的放什么位置，让孩子懂。是不是？

对于鄂伦春民族原来在山上的建筑物，该乡副乡长也注重在忠实原貌的基础上，让孩子们去住一住，从而在真实的生活体验当中去理解和感受鄂伦春民族文化的魅力。

Y：你的意思是还是忠实原来的样子，让他去感受？

Mg：对。比如说一些男孩子愿意去感受，对它感兴趣，可以让他体验体验，体验生活的艰苦，体验自己祖先在山里散居的生活，对他们珍惜现在的生活非常有意义。另外和城里汉族孩子的挫折教育基本一样，是不是啊？（访谈 Mg）

在人类学课程设计模式当中，诸多课程设计者在对鄂伦春民族文化进行教育选择的时候注意到了一个核心原则，即回归生活世界。但教育视域下的生活世界和日常生活世界具有本质的区别，对此我们认为可以从以下

几个维度来理解:①

超越:两种世界的历史反思

论及教学世界与日常生活世界的关系大体上走过了两个阶段,最初教学世界与日常生活世界是浑然一体的,此时的教学掺杂在日常生活之中,无专门的教师,亦无专门的教学内容,更没有明确的师生关系,教学世界与日常生活世界不分你我;随着专门化的学校的出现,教学世界逐渐从日常生活世界中分离出来,与此同时存在着教学世界与日常生活世界的分离的潜在危机。为了便于学生掌握系统的知识,教学内容被分成不同的学科,分科教学除了带来了知识传授的高效率外,更多的是把与日常生活世界紧密相连的知识分割成支离破碎的部分,也割裂了教学世界与日常生活世界固有的联系,教学变成了与日常生活无多大关系的孤立活动。教学世界与日常生活世界的分离带来了诸多问题,因此许多有识之士疾呼:教学要向生活世界回归。随着人们呼声的高涨,教学世界与日常生活世界长期分离之后将会出现二者关系的又一次变化:教学向生活世界回归。但是,事物的发展总是具有一定的向上性,此时的回归绝不等同于教学世界向日常生活世界的简单重复,它是在扬弃了教学世界与日常生活世界割裂基础上对原初的教学世界与日常生活世界不分彼此状态的否定之否定,说得更明白一点就是此时的教学世界是对日常生活世界的一种超越。教学基于生活,为了生活,但是无论如何教学不等于生活本身,而是对其一定程度的超越。教学基于生活,从学生的现实生活出发不等于完全认同并消极适应学生的日常生活世界,如果教学世界等同于日常生活世界,那么教学也就失去了对日常生活世界的批判、引导功能,从而使其自身存在的价值消失。只有教学世界和日常生活世界保持着一定的张力,教学世界才能发挥对日常生活世界的指导功能,从而彰显自身存在的价值。教学向生活世界回归就是既要加强教学与日常生活世界应有的联系,又不能混淆二者的界限而不分你我。教学世界对日常生活世界的超越往往是通过简约的生活来

---

① 杨宏丽,陈旭远. 教学世界与日常生活世界关系的审视 [J]. 中国民族教育, 2007 (1).

实现的。简约化,就必须是完整的,这种完整又不是复杂的,在简约的生活中,实际包含着人性动态的生成过程,通过学生的过去生活、现实生活和可能生活的观照,从而对其生命历程有一个整体性的动态把握,从这一点上说,简约化的生活,应该是一种实体性的生活世界。[19] 从教育目的确立角度讲,可能生活对学生具有内在价值,能够给予学生生存状态和生活方式以人文关怀,培养学生生活能力,激起他们自我关怀的热忱。[20]

目的性审视:习惯与创造

人不同于动物的地方,在于人在用躯体探索现实世界之前,能够在头脑中以理论的方式探索多种可能的世界,从中选出最好的可能世界作为控制的目的。[21] 换句话说,人的活动具有一种目的性,无论是教学世界中的师生,还是日常生活世界中的人,作为人这种类的存在其行为总是具有一定的目的指向性。以盖房子为例,教学世界以及日常生活世界都会出现盖房子的活动,只是教学世界中学生做盖房子的活动以学习盖房子的知识与技能、培养爱劳动的习惯、体验盖房子的愉悦情感为目的,而在日常生活中人们盖房子更多的是为了能够有个居住之所,虽然二者的具体目的相异,但是二者都具有一定的目的指向是不争的事实。由于进行教学世界活动与日常生活世界活动的主体的角色不同,活动方式有别,活动内容相异,因此二者表现出来的目的性存在一定距离。日常生活世界相对于教学世界而言更多地表现为一种琐碎的、经常性的活动,而教学世界则更多地表现为生成的、探究的、创新的活动,因此,经常的琐碎的日常生活由于大量的重复性思维活动、过多的重复性实践活动而使生活本身变成了一种习惯。在这种习以为常的生活中,人们活动的目的性就不会太强。教学世界则迥然不同,由于教学世界是对日常生活世界的一种超越,这种超越的一个重要体现就是扬弃了日常生活世界的琐碎的一面,而使教学世界变成一种有组织的、系统的活动。教学世界充满着创造的智慧,学生对生活情境进行反思,对生活情境进行自主建构,因此教学世界目的很明确:培养学生的创新能力和动手操作能力,促进学生和谐发展,并且这个宏观的目标在不同的教学环节又表现为许多更加细化的具体教学目标,教学世界处处洋溢着人的活动的目的性。

情境性审视：自然与人为

教学世界的情境和日常生活世界的情境存在着类似的特征，表现为直观、可感知、真实等方面，在这样的生动世界当中需要学生以及日常生活中的人们亲身去经历，去感受，从中体会出生活的意义、生命的真谛，但是二者的区别还是客观存在的。概括地讲，日常生活世界情境是自然而然的，它就是那样客观地存在着的，而教学生活世界的情境则是一种人为的和为人的。由于教学世界与日常生活世界固有的密切联系，教学不能与日常生活相隔绝，但教学终究不等于日常生活，因此局限于学校四角天空内的生活情境不可能与社会大背景下的生活情境相同。教学世界中的生活情境通常是由教师根据一定的教学需要，学生的身心发展水平、学校实际的物质条件等因素设计的，有时由于教学目标达成的需要，教师可能把学生带到真实的日常生活情境当中，有时教师只需要利用多媒体等教学手段虚拟日常生活情境，还有时教师只需要用语言来勾勒一下日常生活情境就可以了。但是由于教学时间的限制，教师不可能每节课都把学生带到日常生活世界当中来体验，因此，更多的时候是在教室内教师利用各种手段来虚拟的日常生活情境，并且，并不是所有的日常生活情境都有进入教学世界的可能，只有那些能够为教学服务，能够促进学生发展的有益于教学的日常生活情境才能进入教学世界。而且，并不是说进入教学世界当中的生活情境就固定化了，在教学当中，随着教学的展开，教师还会根据实际情况对已有的情境进行调控。总之，教学世界中的生活情境往往是人为的，并且通常是由教师来完成对生活情境的设计、规划、调控与管理。

生成审视：非预设与预设

无论是日常生活世界还是教学世界都是由该世界当中的人的动态活动构成的，而动态的活动之中必然内含着种种生成。正是在平凡而又真实的日常生活当中，牛顿不经意间地发现生成了开创经典物理学的万有引力定律，平静而又平常的日常生活中蛰伏着生成的可能。教学世界由于其本身固有的探索性，知识的生成、情感的生成以及价值观的生成缕缕皆是。由此可见，两个世界当中都潜伏着种种生成，但二者的生成还是存在着一定区别的。教学生活世界中的生成往往是一种有预设的生成，而日常生活中的生成更多的是偶然的非预设的生成。在教学生活世界之中，教师在进行教学之前通常都要对本节课进行教学设计，教学设计的一个最核心的工作就是要对本节课进行整体的宏观的预设，这种预设不是凭空进行的，而是在了解学生已有水平基础上的对本节课的宏观计划，并且这种预设不是呆板的将教学的每一步都设计出来，而是在宏大的预设框架下给学生留有充分的生成空间。由于有教师课前的宏观设计，因此教学生活世界当中的生成往往是一种有充分准备的生成，是一种有预设前提的生成。但日常生活世界中的生成多数情况下都是一种非预设的偶然的生成，人们事先没有生成的宏观设计，通常是在某种情境中突发奇想地生成一些事前没有想到的东西。

另外，对于生成的个体而言，教学生活世界中的生成个体通常表现为学生，当然也不能否定教师的生成，但主体还是学生，他们的生成频率很高，因为在每节课当中学生都要根据教师的引导或多或少地生成一些知识、情感、价值观等，而对于日常生活中的生成主体（为了便于说明该问题，学生排除在外）而言，并不是时时处处都能够生成一些新颖的东西。由于日常生活的惯性所使，生活在其中的人们缺少生成的意识，因此如上文所述，日常生活中的生成往往都是偶然的，生成的频率明显低于教学生活世界中的生成频率。

交往性审视：自发与影响

只要有人的地方就不可避免人与人之间的相互作用，这种相互作用也就是人们通常所说的交往。日常生活世界中的人们以及教学世界中的师生作为有思维、有意识的生命体的存在都是人的一种，因此在这两个领域必然地发生着人与人之间的交往活动。作为人与人之间的相互作用，二者在本质上似乎无多大差别，交往无非是交往主体之间的心灵的沟通、灵魂的碰撞，最终试图达到一种彼此的共识。但细心观察，二者之间的差别也是客观存在的。相比较而言，日常生活世界中人们的交往多是自发的，而教学世界中的交往多是有组织的，带有一定的计划性，是人与人之间本质力量的相互影响。

由于日常生活固有的习惯性、重复性以及由此而带来人们的惰性，人们之间的交往也就形成一种习惯，很多时候人们自然而然地进行着交往而没有太多的目的，交往之后也没有太多的反思，反正对于活着的人来说，交往每天都存在于生活之中，当然也不能排除在日常生活中也存在着有目的的、有组织的交往活动，但在琐碎的日常生活中，自发的交往是不乏见的。教学世界中的交往是有宏观设计的、有组织的，并且带有一定目的的交往，这种目的就是要影响对方，改变对方，促进对方的发展。教学过程中，学生与学生之间或者学生与教师之间的交往不是随意的，任何时候、任何形式都可以的，毕竟教学是一种有计划、有组织的活动。作为教学设计者、教学过程的调控者，教师在教学设计中可能就已经涉及学生与学生交往的形式、交往的时间等方面。例如，目前比较流行的小组学习活动就是一种交往形式，由于受每节课 45 分钟的限制，教师还会对小组探究的时间进行控制。这种控制并不是机械控制，并不是说教师把学生与学生之间交往的具体内容、通过交往得出的结论都规定得死死的，而是说教师对学生的交往有个宏观的整体的设计，并且这种设计只会在一定程度上帮助学生之间交往的顺利进行，而不会成为学生之间交往的障碍。

生命性审视：本能与超越

教学世界与日常生活世界都是由人组成的世界，不管组成世界的人是以哪种身份来参与其中的生活，凡是由人组成的世界有一点是共通的，那就是都强调追寻人的生命价值，关注人的生命发展，挖掘人的生命意义，在由人组成的充满生命活力的世界里洋溢着对人的生命关怀。因此，从本质上来讲，无论是教学世界还是日常生活世界，所追寻的目标是一致的。但是二者的差别也是不可否定的。日常生活中的生命关怀更多的是人与人之间自然的、出于本能的关怀，并且这种关怀往往是随意的对他人的某方面的关怀。而教学世界中的关怀是具有一定价值取向的，且指向一定目标的关怀，教学世界追寻人的生命的完整性，即人格心灵的完整、个性的发展和情感与兴趣的满足。[22]教学世界强调师生的生命体验，在学生已有的身心发展水平的基础上，以师生的共同发展为目标导向，日常生活世界虽然也存在着人的生命体验，也存在着富有人性的关怀，但是没有像教学世界这样强调人的共同发展。另外，教学世界中的人由于是由教师和学生这两种有一定差别的角色构成的，所以体现出独特的生命色彩。教师作为身心发展较成熟且具备一定社会阅历的成人，在与学生的交往互动中具有更多的潜在优势，学生往往会把老师作为效仿的楷模，尤其是教师所体现出来的生命的魅力——教师的人格更是成为学生构建自己生命世界时的指示航标，日常生活世界中的人们由于不存在这样明显的特质差异，因此，他们更多是在平等交往中追寻生命的真谛。

至此，只有在教育学意义上的生活世界才能作为促进教学效果的有效策略，促使学生更好地理解鄂伦春民族文化，更真切地体验课程内容。

第五节 旅游文化：鄂伦春民族文化教育选择中的经济学视角

对于如何充分调动各种因素激发孩子们学习鄂伦春民族文化的热情，对此，U老师结合自己旅游经历，从经济学的视角对于如何传承鄂伦春民族文化进行了全新阐释。

我感觉就是用汉语编就行，一个小故事、一个小人物，就包括从古代人物，他们认为的民族英雄，一直到现在，他们的大学生，他们的前辈，他们的爷爷奶奶，都给他们编进去，因为他们人口本来就少！你算算，整个加一起就是八千人，在黑龙江才多少人，就是想办法让他们收集整理，各个乡的都整理起来，有照片更好，有文字也行，然后每一段当中给他加上一段。比如说，孟淑珍，文化馆馆员，曾经有哪些著作，她的歌是什么样的，有段录音，也就是说这种教材编出来之后不光是文字，也不是鄂伦春语言，就是声情并茂的，有专门的磁带，连故事带歌舞，放录像的，这个造价不会很高，就这三所学校用咱们这个课程的话，这个就录一些，是不是？岁数大的开个篝火晚会，今天那个莴对我也挺有启发的，就是利用节日那个，我还有一种想法，就是和孟吉云走路上讲的那个。我就想，让他们鄂伦春的领导，把这个所有的鄂伦春人定期组织起来，搞语言交流，关心下一代，做哪些工作，也让他们来做，这就发挥自己本民族社会的力量。各行各业的力量，你虽然退休了，但是别忘了把你那个孙子、儿子都教育教育。怎么教育？每年搞几个活动，这个活动国家应该拿一笔钱，搞几次活动，除了每年的古伦木沓节，搞几次。大家在一起表演鄂伦春的舞蹈，搞比赛，唱歌，搞交流。我觉得这些东西对孩子们的影响也是很大的。他们现在不活动，汉字又到汉族的学校上，所以慢慢地把自己民族的东西就忘了。如果能发挥，你像孟吉云，他说他能当那个会长一直当下去的话，那就做他的工作，咱也帮他，咱也帮他研究，来出出主意，利用各种节日，利用各种家庭聚会，推动起来，你比如说他们乡上的广播站啦，都可以随时随地放放歌，唱唱，再就是搞搞小的演出，专门就咱们鄂伦春的歌舞，谁都去演，谁都去唱，不能说汉话，都去说鄂族话，就变成政府行为。将来这个乡，鄂伦春族的孩子或者是汉族的孩子都会唱鄂族歌，都会跳鄂族舞蹈，那么就把这整个乡的经济都拉动起来了。比如说参观也好，旅游好，最起码这些人能把自己本民族东西宣传出去，西双版纳不就是这样的嘛。咱们也这样，既弘扬了民族精神，也把本乡的经济就拉动起来了。反正我的想法，拯救这个民族，反正不是拯救吧，我就上次课题的时候我就想"拯救"这个词，咱们用有点过分，就是什么呢，能帮助，让失传的速度减慢，这样的话，咱也就作为一名教育工作者想到的事情也就能达到了。尽管做了一些，它总比光想不做强啊，我觉得教育与经济能联系到一起，能看到效益，现在必须要看效益。如果一点效益都不看的话，它也觉得没意思，光说这个话、跳这个舞有什么用？让它有一个展示的地方，定期搞一搞，民委咱可以做那个，课题上或者写论文上，咱可以呼吁政府，定期搞搞那个汇演。让大家定期都来演一演，是不是？那黑河市少数民族工作都怎么搞啊？不能说光抓经济，那精神生活也是一部分啊！经济上去了，精神生活要是不丰富，那经济还是上不去。如果在这块能够拉动的话，让孩子打人觉得为了他本民族的东西，去想去做，然后经济上去了，那他就知道说民族语言、跳民族舞，有民族的东西好。这我受什么启发呢？就在西双版纳有个少数民族，他们练气功，在火炭上跳舞，跳一个小时，给游玩的游客跳一个小时，一晚上一百块钱。所以他说，我跟我叔叔得学，我白天劳动，家里致富，晚上就当休闲了，去跳那个舞，就光着脚丫子在那火上跳，我看他就这样把民族的东西保留下来了。如果他练好了，它不伤身体，也是一种劳动、休息。你说他白天一天劳动，晚上在家闷着也没什么意思，他这个可以和游客交流，他把他自己存在的价值，包括民族的东西都展示给其他民族，这就很好啊！我觉得人活在世上就应该这样丰富多彩的，要不然太单调了！他这个民族目前就被汉化了，就单调一些。虽然酒不像以前喝那么多了，打猎也不像以前那样限制了，那你说还有什么？反正我就想，要想拉动那个地方的经济就得把那个民族的东西传承起来，经济才能被拉动。（访谈 U 老师）

其实，在现代化浪潮的冲击下，很多民族在经济利益的拉动之下，纷纷将民族文化推向了市场，通过建立民族文化风情村等措施，以此促进地方经济发展，也促使民族文化在一定程度上进一步保存、完善和发展。个案学校所在的乡也采取了该措施：①

据新生鄂伦春族乡志记载[23]：1985 年，为了适应旅游事业的发展，使国内外了解鄂伦春族的历史和现在，原黑河市（今爱辉区）把新生鄂伦春族乡定为旅游区。1992 年 3 月，黑河被国务院批准为沿边开放城市以后，新生乡根据国内外客商云集黑河的实际，从鄂伦春族历史、风情实际出发，着手发展旅游业。1993 年，成立了新生鄂伦春族乡旅游公司，当年就接待了俄罗斯、新西兰、法国、英国、日本、美国、芬兰、德国、澳大利亚 9 个国家和港台地区及全国各地旅游观光团 160 多个，昔日沉寂的

---

① 杨宏丽. 全球化语境中无文字民族文化传承的人类学考察：黑龙江省鄂伦春族的个案研究 [R]. 社科医联校一级课题结题报告，2007：28—31.

鄂伦春族山乡成为了黑河市对外开放的一个窗口。之后，在加强旅游硬件建设的同时，主动与黑河市各旅行社联合，开展鄂伦春民族风情游。1996年统计，先后接待游客 3000 多人。其中，外国、港台游客约占 80%，年旅游收入 10 万元，鄂伦春族村民收入约为 4 万元。1997 年，在中共爱辉区委、区政府的领导和支持下，新生乡调整了旅游思路："面向市场，突出特色，走出了依托民俗风情资源发展旅游业的路子，重点发展民俗游、风情游、原始探密和民族手工业制品。加强景点、景区建设，向游客吃、玩、住、行一体化新格局发展。"此后，先后有黑河中国国际旅行社、黑河中国旅行社、中国青年旅行社、黑河职工国际旅行社、黑河爱辉国际旅行社、中国黑河远东国际旅行社、大黑河岛国际旅行社等多家旅行社承办到新生鄂伦春民族村民族风俗、风情游业务。到 2000 年末，全乡共接待国内外旅游团组 240 多个，游客 1 万多人。

据乡志的介绍，具体的旅游项目有鄂伦春民族风俗、狩猎、饮食、射击等活动，游客为了了解鄂伦春民族的风俗可以先到"岭上人"展览馆一游。这里集中展示了鄂伦春族生活、生产的各种文物，即"斜人柱"、各种绣花的皮衣、皮裤、皮靴、皮袜、皮被等日常生活用品，还可以看到桦皮船、神盒、猎刀、猎枪等文物。为了真实体验鄂伦春人的游猎生活，游客可以进行狩猎活动，狩猎分为两种，即乘车狩猎和骑马狩猎。乘车狩猎可节省大量的时间，也可使游人免受狩猎途中疲劳之苦，可谓"现代化狩猎"方法。另一种方法就是游客除可骑上体型偏小、行动敏捷、速度快且驮载力大的"鄂伦春马"外，还要带上枪支、弹药、猎刀，以及野餐、夜宿等用品，体验真实的打猎。游客还可以品尝当年鄂伦春人在山上时候吃的一些食品，如狍子肉、野猪肉、柳蒿芽、老山芹等。游客还可以在茨尔滨河大桥南 200 米处的射击靶场进行射击活动。这些活动项目吸引了很多国内外游客。

据新生乡党委书记李学伟介绍，为让游人了解鄂伦春族丧葬习俗，乡里正在建原始树葬群；计划建设原始图腾景区，让游人了解鄂伦春人的图嘴崇拜；他们还打算建祭祀景区，再现游猎时代"萨满"活动景象和敬拜山神"白那恰"的情景。白长祥被新生乡聘请为民俗顾问，他帮助设计并选址建各种景区。他还建议乡里及有关部门开发黑河至新生乡沿途景区，如振边酒厂、卧牛湖、古淘金地、二战遗址等，把新生乡的民俗旅游搞红火。[24]

对于民族旅游，不同的学者、专家有不同的界定，笔者比较赞同的是，即民族旅游实质上是以民族文化为主体资源的旅游，通过民族文化类产品将旅游消费者与旅游供给者连结起来，形成旅游活动，并由此构成民族地区的旅游产业。因此，民族旅游可以定义为：旅游者在西部各具自然生态特色和文化特征的少数民族地区进行的各类旅游。但是在此定义当中，笔者不赞同的是：李伟先生只把民族旅游的具体位置限定在西部地区，这样的界定有些狭隘，尽管西部由于少数民族众多，并且由于其所处的地理位置造成了与外部交流较少，甚至没有和外部的交流，从而保持着文化多样性的文化格局，但并不能就此否定其他地方通过民族独有价值从而作为商品，以此连接旅游消费者和供给者之间的关系。中国是一个多民族的国家，任何一个民族，即使是只有几千人口的鄂伦春民族，其民族价值也是不可否认的，因此任何一个民族、任何一个民族地区都具有开发民族旅游业的可能性，问题的关键在于当地人是否具有这样的意识以及是否具有其他的外力的支持等条件。

民族风情村主要可以通过实地展示和异地仿制两种方式进行。实地展示就是在少数民族聚居区选择具有典型代表性的单个村寨或重建一个民族村寨的形式。异地仿制型是指在原生环境之外的地方，因博览、旅游等经济目的而将各民族的民居建筑、民间艺术和民族风情仿制、集中于一村，多角度、多层次地展示少数民族文化的大型文化旅游景区或主题公园。二者的主要区别就是：实地展示尊重自然状态下的民族文化的样态，而异地仿制是人为地将民族文化集中到某一时空范围之内。通过鄂伦春乡志的介绍，我们可以看出，新生鄂伦春民族风情村是实地展示和异地仿制二者的有机融合。"岭上人"展览馆将反映鄂伦春民族文化的多种载体都集中在这一个有限的展览馆内，而到具体真实的山上骑马、打猎则又在一定程度上遵循了鄂伦春民族文化自然展示的原则。由此可见，新生乡的民族风情村既遵循了民族文化的原生态，又展示了当代人的聪颖智慧。另外，新生鄂伦春风情村既是鄂伦春民族传统文化的再现，也是鄂伦春传统文化在当下的继承与创新。比如，"现代化狩猎"方法就是在当今，在现代化的今天，鄂伦春民族文化的继承与创新。

那么究竟通过旅游的方式来保存、传承鄂伦春民族文化到底有什么意义呢？

第一，这有助于鄂伦春民族文化的主体树立现代商品经济意识，促进新生乡民族传统文化的现代化。目前，在全球化的语境之下，许多民族的传统文化都面临着严峻的考验，而且很多民族的传统文化当中有很多不适应现代化、全球化的因素，如果不加以拯救、保护，那么这样的民族文化就会灭绝。以旅游的方式来传承民族文化，其实质就是将民族文化"商品化"，将民族文化作为重要的商品从而建立旅游消费者和民族文化拥有者之间的商品与交换的关系。全球化并不是同一化，当全球化的进程蔓延到鄂伦春民族地区的时候，鄂伦春民族文化并不会在一夜之间就烟消云散，而是会对全球化有一些相应的反应。全球化也是鄂伦春民族文化接受一种考验，从而将鄂伦春民族文化当中的具有和全球化接轨的文化因素传承下来，并且走向世界。这样鄂伦春民族文化完成了与全球化的对话，并且在保留自己独特价值的同时，完成自身民族文化的现代化过程。[25]

第二，这有助于增强鄂伦春人民的民族自信心，增强其民族认同感，从而促进鄂伦春民族文化的传承及创新。民族旅游拉动了新生乡经济的飞速发展，已经使当地的鄂伦春人尝到了甜头，更重要的是，这样的民族文化传承方式让鄂伦春人民有了民族自信心。在我的田野研究当中，一位鄂伦春中年人（30多岁）曾经说过，和汉族等其他民族相比，自己有点自卑，在很多人面前不敢说自己是鄂伦春人，更不愿意学说鄂伦春语言。现在，通过民族风情村，通过旅游来带动经济的增长，这最有力地证明了鄂伦春民族文化所独有的价值，这也说明鄂伦春民族不比其他民族差，鄂伦春语言有它特有的价值，鄂伦春文化也具有内在的价值。因此，通过民族风情村，通过民族文化的旅游事业，鄂伦春人民增强了自信心，也增强了他们的民族认同感，更重要的是使鄂伦春民族文化在现代化、全球化的今天有了进一步传承与创新的可能性。

第三，这有助于鄂伦春传统民族文化迈向世界的全球化进程。全球化给民族文化带来了生存的压力，也给民族文化带来了迈向世界的机遇与挑战。与其他跨文化传播媒介相比，以寻求审美愉悦为最终目的的旅游活动具有其他传播媒介不可比拟的优势，它是文化与文化之间，人与人之间亲身的、直接的、互动的、即时的、感知的交流与传播。[26]新生乡通过民族旅游事业，已经把民族的文化产品输送到其他的国家，通过这样的方式，世界上其他国家的人民会越来越多、越来越深刻地了解鄂伦春民族文化，这样就会加速鄂伦春民族文化的全球化进程。

第六节　生成与预设：鄂伦春民族文化教育选择中的变与不变

对于鄂伦春的舞蹈，本研究中的参与者通过看电视，谈及对其的整体感受。

大概的，感觉就是骑猎那方面的，啊，就是围着篝火，就是很多人吃肉、喝酒，然后大家酒过三巡之后就是随机跳舞，就是那样的，就是那种感觉，好像也能体会出他们民族特点的吧，因为他们是游牧民族。（访谈Gj）

在对鄂伦春民族舞蹈进行教育选择的时候，很多参与者纷纷提到一个观点，即先交给孩子们一些基本的动作，像骑马、扬鞭、狩猎等，在掌握这些动作的基础上，在课堂教学中创设一定的情境，让孩子们在情境中即兴表演。

Y：还有这个民族的舞蹈您怎么看呢？就是说您认为咱们这个鄂伦春舞有固定的动作还是没有固定动作？

Z：没有固定动作，就是随着节拍，老师怎么指导怎么跳，但是有些呢，就比如是骑马的，端枪的，那个必须得是那种动作，你穿上民族服装你就欢快的跳吧！

Y：那您觉得在跳鄂伦春舞的时候，您觉得假如教孩子跳舞的时候，是教一些固定跳的舞呢，就比如说围着篝火跳的舞，大家一起跳的，它可能也先跳什么再跳什么，我们是让孩子们这样一步步来老师跳然后孩子跟着跳模仿，还是说创造了一个情境，我们就有这样的一个篝火，教一些基本动作之后即兴表演呢？

Z：对，它这一般是不用老师去教，你篝火踩着这个舞曲的点，就跳起来了，就活动起来了！

Y：那有没有必要教那些基本动作，像骑马啊，端茶什么的？

Z：那个都得先教，孩子最起码的不知道啊！

Y：那个先教，然后孩子即兴表演的？

Z：对。（访谈Z校长）

Y：还有比如说鄂伦春的舞蹈，我访问了一些老人，她们认为鄂伦春的舞蹈可能是随着情境，比方说打猎回来了，特别高兴把火就架来了，这边就围着就跳，而不像我们好多的，比如说孔雀舞他有固定的一招一式，跳完这个动作，下个动作怎么跳是有固定的动作的，他们可能是随着情境就能跳起来，所以假设说教孩子们鄂伦春的舞蹈，您说怎么样教好呢？譬如说，什么也不教他，就创造那么一个情境，就是把火架起来，放音乐，随着情境就跳呢，模仿当时山上那样的。还有一种，我们教他一些基本动作，比如骑马、射箭，教完基本动作后，再创造情境，他们再跳。

Zj：我说这样好，如果对孩子来说要让自己创造的话，你有那样的演绎情节可以，比方说有过去影片的片段或过去戏剧的片段包括五十年大庆的节目片段等等，有那样的作为基础，给学生在班级里放，学生已经有了直观印象后，它是一个什么样的舞蹈，在这个基础上可以创造。再有一个就是像你说的一招一式教给他，然后根据这个场景，如果你高兴了你会怎么跳，这倒是一个折中的办法，我认为这种办法比你说的前一种和后一种都好一些。可以教给他骑马、打猎、生产生活等等一些个简单的动作，然后根据那个情境，高兴了再多喝几杯以后的一种心情，鄂伦春的酒文化很厉害，能够演绎出来这么粗犷的舞蹈跟它的这个酒也有关系。（访谈Zj）

对于鄂伦春舞蹈的教育选择中，我们从中可以看出课程设计者在考虑此问题的时候既关注教学前的预设（先交给孩子们一些基本的舞蹈动作），也注意在真实教学中的生成（创设情境，让孩子尽情表演）。预设与生成是什么？预设和生成的是什么样的关系？我们认为鄂伦春民族文化教学中的预设与生成应该符合基础教育课程改革的理念，为此我们认为在此有必要进一步阐释：①

传统教学中的理解

对于预设这个概念，人们通常是直接使用，而没有给出一个明确的定义。但是作为本文阐述的一个关键性的概念，若不加以界定可能会使论述混乱，因此笔者试着剖析一下这个概念。本文所指的传统教学是相对于新课程中的教学而言的。传统教学中的预设一般指教师在教学开始之前对教学目的、教学过程、教学内容以及教学评价等方面进行设计，并且包括对每一方面具体步骤的设计，而且教学实践就是按照提前的设计按部就班地进行，对于任何设计中没有涉及的情况一律不加理睬。为了便于理解，简单分析一下这个概念。

首先，预设的主体通常指的是教师。教学中的主体包括教师和学生，但是由于教师较之学生而言闻道在先，心理比较成熟，并且担负着教书育人的职责，因此教师作为教学活动的指导者、设计者不是没有依据的，作为教学的指导者、设计者的教师有权利在教学活动展开之前对教学活动进行设计并且有能力将设计付诸实践。由于预设一定发生在教学活动开展之前，并且伴随教学活动的始终，所以只有教师才有机会作为预设的主体。

其次，预设的内容比较广泛。预设，它本身是一种思想，也可以从方法论的层面来理解。预设不是具体的，是一种抽象的存在，因此，它可以

---

① 陈旭远，杨宏丽. 论生成性教学 [J]. 福建教育，2004 (7).

渗透到教学活动过程的方方面面。教学活动是一个复杂的系统，不仅仅包括教学目标、教学内容、教学过程、教学评价以及教学资源，但笔者认为这几方面最能够充分体现预设的思想，因此把这几方面作为预设的对象，也就是预设的内容。

最后，预设就是按部就班的过程。从预设的整个过程来看，预设主要包括两个阶段：一个阶段是教学开始之前的设计，这个设计是对教学活动各个方面的详尽设计，具体到每个环节提哪些问题，由谁来回答等；另一个阶段就是教学活动过程中按照事先做好的设计按部就班地进行，由于教学活动会受到情境的影响，即便是同一位老师在同一个学年上课，不同的班级会有不同的反映，会出现不同的问题，但是预设的教学无视这种情境性，教师只顾按照自己的设计展开教学活动，对于一些出乎意料的问题教师通常会以一种权威者的身份命令学生按照自己的设计进行，从而对教学过程实施严格的控制。

关于传统教学中预设的特点，本文主要从预设的内容着手来分析，主要体现在以下几方面：

教学目标僵化。这里所指的教学目标不是教师写在教案上的目标，也不是教师挂在嘴上说出来的目标，而是指教师头脑中存在的且在实际教学中追求的教学目标。预设的教学目标是在教学活动开始之前确定的，并且由于制定得非常详细、具体，在实施的过程中没有弹性的空间来生成计划之外的其他一些目标，因此显得僵化，缺乏弹性。另外，根据调查，教师在提前制定僵化的教学目标时往往把兴奋点集中在认知目标方面，这是因为认知方面的目标更容易预设，而情感等方面的目标不容易预设，并且在实践中不容易把握。

教学过程程序化。充满预设的教学通常是把教学过程简化为几个环节，比如说有些教师上课遵循着复习旧课——讲新课——练习新知识点——留作业的程序，并且始终不变。教学论在关于上课的几个环节方面曾有过论述，根据学生的心理特点以及掌握知识的顺序，把上课概括为几个环节，但是这并不是说每次上课都必须遵循这样的顺序。教学基本理论只是对教学的一般概括，它具有一定的抽象概括性，并非实际的教学都是这样的，教师可以根据自己所教内容以及学生的特点、自己的教学风格进行适当的创新，不必拘泥于教学理论的阐述或者自己已形成的教学习惯。

教学内容固定化。教学内容固定化包括两方面的意思。一是指一节课开展之前教师就已经把教学的内容固定了，并且在教授学生的时候也是原封不动地按照设计好的内容进行；另外，教学内容的固定化还指教师所教的内容几十年都一样，没有任何变化，甚至固定到所举的例子几十年都没有丝毫变化。

教学评价机械化。教学评价机械化主要表现为：教师在对学生进行评价时往往只注意对学生掌握知识的状况进行评价，能较多地重复教师所讲过的知识点的学生就是好学生，反之则不是好学生；另外，在评价方式方面也比较机械，对于表现好的学生，教师通常采用口头表扬，或者是贴个小红花，发个笔记本等方式；在评价主体上是教师一人唱独角戏，教师几乎很少给学生评价的机会，并且即使给了学生评价的机会，教师也不注意采纳学生的评价意见。

教学资源文本化。教学资源指在教学过程中所凭借的各种物质支持，凡是能够被教师采用为教学服务的各种资源都可称为教学资源。传统教学中教师在教学资源的采用上往往存在着单一的文本化，最初表现为教师把教材作为主要的教学资源，甚至是唯一的教学资源。在计算机进入教学领域之后，课件作为一种新的电子文本而被教师们视为最主要的教学资源而被广泛使用，教材和课件是神圣不可侵犯的，教材和课件之外的内容或者问题教师会略过不谈。

传统教学中的预设由于教师设计得非常具体，执行的时候非常严格，这在某种程度上使学生对于教材有一定掌握，但是这种掌握只能停留在死记硬背的水平上，学生很难对知识本身有深刻的理解。因此，就整体而言，传统教学中的预设是不足取的。它的局限性主要表现为：

违背了教育的目的。教学是教育的主要途径，因此教学不能离开教育的目的而进行。在传统教学中由于预设的存在，教学培养出来的人只是会重复知识点的机器，这和把学生培养成全面发展的和谐的人的教育目的背道而驰。

忽视了学生的主体地位。在充满预设的传统教学中，教学是由教师一个人来完成的独角戏，教师在教学前的设计甚至对课堂上的每一秒钟都有所安排，学生所能做的就是执行教师的命令，因此学生的主体地位根本就无从体现。

限制了学生的创造性。传统教学中，由于教师在教学前预设得无比具体、精细，在教学过程中对于预设之外的情况视而不见，强迫学生按照自己预设的思路进行，这无疑把学生当成了只会记忆不会思考的动物，学生没有机会发问，没有机会对教师所教内容质疑，创造性被严重地限制了。

否定了教师的能力。很多教师之所以在教学前进行精心的预设，其中一个重要的原因是教师担心如果不预设好一旦出现预设之外的事情，自己的能力不能胜任。其实这是一种多余的担心，也是对自己能力的一种否定，只要教师树立正确的观念，用心教学，不断反思，一定能够做一名出色的教师。

预设所体现的弊端不仅仅是这几个方面，由于篇幅的关系，在此不再赘述。

新课程中的预设

新课程中体现的预设与传统教学中的预设截然不同，它是对预设的一个全新解读。

新课程中的预设也是在教学活动展开之前进行一番设计，并且使这些设计在教学活动之中有所体现。但是相对于传统教学中的预设，新课程反对将教学活动设计得过死，不必要将每一个步骤都设计出来，教学前的设计只要是一种对教学实践的宏观设计就可以了，至于微观的具体做法则需要在教学实践中产生。

新课程中的预设有不同于传统教学中的预设的概念，因此在特点上必然也会呈现出不一致的地方。

目的性。新课程中的预设对教学实践要达到的目的有一个基本的要求，并且将这种要求体现在对教学实践活动的设计当中，因此它具有一定的目的性，为教学活动的开展提供了方向。但是这个目的是一个最基本的要求，在教学实践中可以不断充实新的具体目的。

引导性。以传统教学预设为指向的教学实践只是一个教师执行设计的过程，教师只要按照提前的设计一步一步执行就可以了，不需要对学生进行引导。而新课程中的预设则不同，新课程中的预设只是对教学实践的粗略设计，因此在教学实践当中需要教师的引导，以便于实现预设的目的。

计划性。新课程中的预设不管对教学实践的设计多么宏观，说到底它也是一种设计，是对未来将要发生的事情的设计，因此它必然要有一定的计划性。例如说本节课是先要学生讨论，还是教师自己先给学生讲解一些相关资料，这些大致的设计是要提前设计好的，至于一些具体的方面则在教学实践中产生。

相对于传统教学中的预设，新课程中的预设是可取的，也是我们需要的。有些人只看到了新课程强调交往互动，建构生成，以为就不要预设了，事实上并非如此，因为预设有其自身独有的作用。

预设为教学活动的开展提供了方向。预设因为是在教学活动之前的设计，作为一种设计它必然要考虑到教学活动最终的目的，因为新课程中的预设为教学活动的开展提供了方向，使教学实践有一定的指向性。

预设为师生的发展提供了空间。由于新课程中的预设只是对教学实践的宏观设计，微观的具体操作需要在教学实践当中师生共同作用来完成。因此，它为师生的发展提供了空间，师生可以在可能的范围内尽情地发挥自己的才能。

预设还有利于教育目标的达成，学生创造能力的培养等，在此不再展开说明。

如果说预设体现的思想是僵化、呆板、固定化、模式化等，那么生成更多地体现的是灵活、变通的思想，并且对于教学的另一级主体——学生真正体现了尊重。

对于生成，笔者将其概括为：教学过程中教师和学生以及影响教学的诸多因素相互作用，动态的构建过程。在这个概念当中主要突出以下几方面：

首先，生成是在教学过程中的生成。传统教学中的预设一般先发生在教学活动开始之前，并且贯穿于教学活动的始终。而生成则主要发生在教学活动之中，虽然它也需要教学之前的宏观设计，但是教学前的设计只是生成的一般指导，具体怎样生成，生成的结果怎样等需要在教学过程之中得以体现。

其次，生成的主体是教师和学生。生成不是教师一个人能完成的，它需要教师和学生一道共同建构。这较之传统教学中的一维主体而言，注意到了学生的主体地位，不能不说是一个进步。

再次，生成需要诸多因素的相互作用。生成不是只有教师和学生两极主体就可以了，它必须由诸多因素相互作用才能完成，还需要生成的情境、相互传递的信息、师生以及生生之间的情感等因素的积极配合才能得以实现。

最后，生成的过程是动态的。生成需要师生以及影响教学的诸多因素相互作用，相互作用的过程必然是动态的。

生成的核心思想——发展。生成的核心思想应该说是生成的灵魂。对于生成的核心思想，笔者认为用"发展"来概括是最恰当不过的了。发展包括两方面的情况：一是指过程，处于向上的阶段；另外指结果，发展了的结果。这两种情况是一个问题的两个方面，只是由于看问题的角度不同而已。处于生成的教学情境之中，师生对将要出现的情况不能确定，教学的进行需要教师和学生一道充分发挥自己的主观能动性，积极建构，踊跃参与，因此在这样的教学实践活动中，教师和学生的所作所为不是被动的，而是自己的真实意愿的表达，通过这样的实践活动所生成的东西才会对人产生实质性的影响，这样的课堂才可能弥漫着人的味道而充满了生命力！但是并不能因此就得出结论：生成的教学会使教室中的每一个人都得到相同程度的发展。这是因为每个人的原有水平不一样，并且参与程度也必然存在着差别，还因为目前大班额条件下的教学不可能给每名同学相同的参与机会。但是作为教学活动的主体的人——教师和学生或多或少地会获得一定程度的发展。

生成的理想目标——教学相长。通过上面的分析可以看到，生成的教学会使教师、学生多少获得一定的发展，因此发展的结果就会很复杂，存在着教师获得了较好的发展而学生的发展程度并不是很好，或者是学生发展得较好而教师没有获得多大的发展，即便是学生获得了较好的发展也存在着有些学生发展得很好而另外一些学生相对发展得不好的情况。当然最理想的情况就是教师和学生都获得较好程度的发展，并且每一个人都能在自己原有的基础上有向上的发展，这是生成的理想目标，也正是我们所追求的目标。

另外，教学相长不是凭空产生的，要想达到此目标需要一定的条件，其中包括学生的现有学习水平，教师对教学情境的调控能力等。除此之外，一个重要的条件就是师生的共同发展是以知识的生成为根本条件的，强调教师和学生的发展并不是就不要知识了。恰恰相反，师生的共长是以知识的生成为条件的，正是在生成知识的过程中师生的主体性得以体现，在得到了充分的尊重的教学过程中师生的情感以及意志品质得以发展。

生成的前提条件——学生现有的学习水平。生成并不是盲目地生成，它需要教师科学地分析，灵活地引导。如前文所述，生成需要多种条件，但是一个最为基本的、前提性的条件就是学生现有的学习水平，这是生成的基点，也是生长点。生成是在学生已有基础上的生成，如果超过了这个基点就可能生成不了，若低过了这个生长点生成也就无所谓生成了。这两种情况一旦出现，师生都不可能得到发展，生成也就无从谈起。对于如何了解学生现有水平，本文提供几点建议：

教学前备学生。备课，教师不仅仅要钻研教材，了解课程标准，还必须充分了解自己的教育对象，在教学前备学生能够使教师在进行本节课宏观设计的时候更具有可行性。备学生包括要了解学生的方方面面，本班学生的整体特点、学生个体的情况等等。

教学中观察学生。教学过程中也能够了解学生的水平。在目前大班额的教学条件下,很多教师抱怨无法了解学生,其实这只是为自己的懒惰以及失职找个借口罢了。笔者认为,一个有心的教师可以在教学的过程中走下讲台,看学生是怎样做的,学生们的行为表现能够为教师提供最真实的材料,以便了解学生的真实水平,这样可以在一定程度上克服大班额带来的困难。

教学后反思学生。教学之后要想了解学生的水平,教师还必须继续工作,反思学生课上的种种表现,看看能否从中得到一些共性的普遍的东西,以便下一次上课时能够更充分地了解学生。教师可以对学生课堂上的表现进行反思,学生的作业也可以是教师的反思材料。

生成的特点——交往互动性。特点是一事物所独有的,并且使该事物区别于其他事物的地方。生成的最大特点就是师生间以及生生间的交往互动性,整个课堂充满活力。在只有预设的课堂里也有交往,但只限于教师和学生之间的交往,并且是以教师和全班同学交往为主的单向交往。在充满生成的课堂里,交往不仅仅有师生间的交往,还有生生间的交往,不仅仅是教师向学生发出信息,学生在接受来自其他人信息的同时,也向外人发出信息,整个课堂是一个多层次的交往网络,并且信息的流动方向也不是固定的,整个课堂是一个动态的交往过程。

二者的联系

预设与生成虽然有众多的区别,并且这种区别相当明显,但并不是说二者毫无关系。

预设是生成的前提。师生在生成知识各自获得发展的时候,不是没有任何提前的设计而胡乱进行的,因此生成是需要一定的预设的。但是生成所需要的预设不是传统教学当中的预设,它需要的是新课程中的预设,生成需要在教学活动开始之前有一个宏观的整体设计,这个宏观设计只是对教学活动各方面的理念性的设计,至于具体的细节只有在教学活动之中师生的共同参与才能完成。

另外,预设与生成之间存在明显的正相关,如果预设得科学,生成就会很强。预设得科学与否会直接影响到生成。

二者的结合点——教学实践。实践是使设想得以实现的途径，并且为活动的展开提供了空间。预设得是否科学，生成得是否理想这就要看实际的教学实践了，在教学实践当中预设的整体计划得以体现，并且在这个宏观的框架中有师生生成的空间，教学实践是教学前的预设与在此预设框架内的生成的结合。因此，预设与生成的结合点就是教学实践。

生成的操作策略。关于策略不同的人有不同的理解，但不管人们从哪个层面上来使用策略，有一点是肯定的：无论它是一种具体的方法，还是一种操作模式，策略总是有助于人们解决问题。本文指的策略既不是一种具体的方法，也称不上是操作模式，如同本文所讨论的论题一样，它旨在给出教师一个宏观的设计，至于在这个设计下面的具体东西则需要教师们在教学实践中去生成，而且不同的教师生成的具体策略会有所不同，这种不同是允许的，这也是此文的操作策略之用意所在，给教师放开手脚的空间。

另外需说明的一点是由于教师在教学预设和生成中的独有的重要地位，因此本文选取了从教师的角度加以论述。

创设情境，准备生成。生成需要一定的情境，在适宜的情境之下，学生会很自然地参与到教学实践中来。情境要能够引起学生的兴趣，吸引学生的注意力，激发学生的热情。在创设情境时教师有多种方式，可以通过抛出问题来设置情境，当然问题一定要适当，不可过难或者过易，而且问题要有生成的空间，一定不要是只有一个标准答案的问题，否则就没有意义了。教师也可以激发学生提出问题来创设情境，或者可以叙述一段材料或者口述一段故事让学生们提问题等方式。当然创设情境并不只限于问题的方式，教师可以灵活创设，不拘一格。

反馈互动，有效生成。师生在进入了情境之后，必然要发生师生以及生生之间的交往互动。所谓的有效生成是相对于虚假生成而言的，在很多情况下存在着貌似生成而非实质性生成的情况，这里有效生成的含义是真正的真实的生成。

教师要注意营造平等交流的氛围。在此阶段，教师有与学生不平等的特权，或者某些学习好的学生独霸了话语权，那么就无法生成。平等包括师生之间以及生生之间的平等，不仅有人格上的平等还有行为上的平等。在平等的和谐氛围中，师生才能共生共长。

教师要注意与学生之间的反馈。教师与学生之间的平等并不等于学生至上，笔者反对走极端地强调某一方面的重要性的做法。学生有和教师交流的需要，教师同样需要和学生交流，教师通过获得学生的反馈信息也能更清楚地掌握学生的情况，因此教师要注意和学生之间的反馈，在获得来自学生的信息的同时，向学生提供自己的看法、意见等。由于学生在很多方面的不成熟，因此，教师在学习方法以及情感生成等方面必须给学生积极的反馈。

教师要注意学生与学生之间的反馈。学生与学生之间由于年龄相近，心理发展程度相仿，并且由于同龄团体所特有的文化，在交流时会产生与教师交流不同的效果。因此，教师决不能忽视学生与学生之间的互动。在互动的形式方面，教师可以组织学生采用小组合作学习等形式，这样既有利于学生与学生之间的互动、生成，也有利于培养学生的社会性角色以及情感等。

引导总结，升华生成。教学是一个永远没有终结的过程，教与学相依相伴，永远没有穷尽的时候。但是每一节课是一个相对的时间单位。如果拿一节课作为时间单位的话，那么创设情境一般发生的一节课之始，而反馈互动则发生在一节课之中，诚然引导总结就处于一节课之末了。但是这个时间顺序不是固定不变的，而且每一个阶段又可能同时包含着这三个方面，本文只是为了阐述的方便而加以划分的。

生成的教学由于学生的积极性被调动起来了，而且处于信息化时代的学生们总是掌握着大量的信息，所以，在很多时候，生成一些教师闻所未闻的知识。在这种情况下，有些教师为了不暴露自己的无知而不加以引导总结就匆匆结课，这样就使生成缺少升华的机会。一节课生成的知识、情感会很多，他们之间的关系也会很复杂，并且有的时候学生不清楚生成的结果，这些都需要引导总结这一阶段，以使生成的东西再一次升华。引导总结的方式是多样的，教师可以引导学生对本节课生成的东西加以系统化，也可以引导学生对已经生成的东西作进一步的生成，以求得生成的深刻性，还可以引导学生反思本节课中值得借鉴的方法以及存在的不足等，还可以引导学生从反面去批判已生成的东西……总之，引导总结的形式是多种多样的，采用什么样的形式，要看具体的情况而定。

第七节 政治话语：鄂伦春民族文化教育选择中的意识形态

鄂伦春民族文化课程的人类学设计模式之下，我们发现本研究的各位参与者在对鄂伦春传统民族文化进行教育选择的时候，当遇到各种困惑无法解决的时候，国家、政府等话语便会相继出现，由此我们感到意识形态作为课程设计场域内无形的手，在影响着鄂伦春民族文化的教育选择方向和内容。①

对于意识形态的理解，学者们的观点各异。在此，笔者认为应该将意识形态作更宽泛的理解，意识形态即我们思维和行动的一个根本性假定，只有在这个原初意义的假定上，我们才能够思考，才能够彼此交流，才能分享生活的意义。基于此，笔者认为鄂伦春民族文化课程设计场域背后，有一双无形的手控制着课程设计场域内的位置关系。通过田野研究，我们看到这双隐性的手慢慢地从幕后走入前台。在鄂伦春民族文化课程设计中，意识形态主要表现为两个层面，一是主流阶级、强势群体将自己的权力、信念、价值强加给其他课程设计者，从而使课程设计成为主流阶级、强势群体话语控制下的复制过程；另外，国家的权力作为统治阶级意志的体现，渗透到课程设计的每一个过程，并且作为绝对统治性的力量而被课

---

① 杨宏丽. 人类学课程设计模式的研究：以黑龙江省 X 鄂伦春民族学校为个案 [M]. 长春：东北师范大学出版社，2011：255－263.

程设计者无条件地接受。

我们可以近似地认为课程设计是在一个场域内进行的活动，这个场域是一系列客观位置结成关系的网络，场域的原动力来源于场域内行动者之间权力的较量，而行动者拥有怎样以及多少资本成为决定其拥有权力的关键。打破"资本"作为经济学独有的概念，布迪厄认为"'资本'是以物化的形式或肉身化的形式累积起来的，这是一种铭写在客体或主体结构中的力量，也是一条强调社会世界的内在规律性的原则"。[27]这样，布迪厄将资本从经济学领域的专用术语扩大到社会科学当中，资本从而由经济资本一种形式变换为经济资本、社会资本以及文化资本等多种形式。"社会资本是实际的或潜在的资源的集合体，或者说，是实的或虚的资源的总和。那些资源是同对某种持久性的网络的占有分不开的。""社会资本主要是一种社会的声望、知名度及其占有文化象征和经济资本的数量的程度，它得到各方的普遍性认同，从而产生一种社会的价值增值效益。"究其实质，我们可以看到作为可用社会资源的总和，社会资本再现了个人和团体在社会网络中所处的地位以及可用的社会关系。

文化资本是布迪厄提出的另一个重要的资本概念，文化资本一般具有三种形态，既可以表现为具体的形态，以精神和身体的持久的"性情"的形式存在，也可以呈现为客观化的形态，以图片、书籍、辞典等具体的文化商品的形式而存在，还可以以学术资格的形式赋予文化资本拥有者一种绝对的权力，即文化资本的体制化形态。一般而言，具体化的文化资本无法进行交换，这种资本已经凝结为文化资本拥有者内在的能力而无法通过买卖的形式得以传递；客观化的文化资本具有双重性，一方面作为物质的存在，客观化文化资本可以传递，但是作为客观化商品作者的能力，作为一种文化资本是无法传递的；而体制化的文化资本以制度的形式赋予了文化资本拥有者一种约定俗成的合法保障，而正因为如此，这种形态的文化资本往往是构成社会符号力的基本条件。

由此可见，课程设计场域内的行动者拥有不同的资本，专家、学者、科学家等知识分子由于拥有相当数量的文化资本，并且由于这些知识分子的文化资本有学术证书等制度化的保障手段，因此，专家、学者、科学家所拥有的文化资本往往会被他人承认和接受而成为象征资本，并且这些知识分子在使其资本客观化为著作、书籍等具体的物化形态后，他们随之而拥有更多的经济资本，而且这使他们拥有很高的社会地位、享有极高的学术声誉，从而拥有更广泛的社会关系网，这样，他们拥有了更多的社会资本。而普通的教师、学生、家长以及社区人员在课程设计的场域内由于拥有资本数量之少，以及拥有资本类型之单一，往往在课程设计的场域内的权力较量中处于弱势状态，这样使得课程设计成为专家学者的专利，而他人只能作为"门外汉"而被动地接受一些参与课程设计的机会。

鄂伦春老人，一般而言年龄在 60 岁以上，由于鄂伦春民族是一个只有语言而没有文字的民族，没有文字作为传承文化的工具，使其民族文化在现代化、全球化浪潮的冲击之下迅速消亡。鄂伦春民族于 1953 年完成了从大小兴安岭下山，到陆地平原地区定居的过程，这也是鄂伦春民族从原始社会形态直接过渡到社会主义社会形态的过程。时至今日，只有 60 岁左右以及 60 多岁的老人才具有在大小兴安岭上过着原始社会生活的经历，它们作为鄂伦春民族文化的文化主体，对本民族文化具有独特的体验与理解。相对而言，鄂伦春中青年则没有鄂伦春传统文化活动的相关体验。这使得鄂伦春老人具有文化资本的优先性，也使得他们拥有了更多的课程设计权力。通过调查我们发现作为村民的鄂伦春老人和鄂伦春中青年基本上处于同一社会阶层，他们的收入都比较低，在社会上没有什么地位，文化水平也都不高，但相对于鄂伦春中青年相比，鄂伦春老人独特的人生经历成为重要资本。我们认为个体独有的人生体验是凝结在个体身上的以具体的形态存在的文化资本，因此，在课程设计场域中作为农民或猎民的鄂伦春中青年基本处于失语状态，具有一定文化资本的鄂伦春老人具有一定的话语权。

在课程设计的场域中，校长、教师和孩子结成了一对范畴，家长和孩子又结成了另一对范畴。通过鄂伦春民族文化课程设计的过程，我们看到，孩子们在校长、老师、家长在场的情况下，不敢表达自己的观点，而校长、老师、家长不在场的时候，他们能够轻松大胆地表达自己对鄂伦春民族文化的看法。相比较而言，校长拥有更多的经济资本、社会资本，乃至由于其经济资本、社会资本而被周围人普遍认可而拥有更多的象征资本。教师拥有一定的经济资本、文化资本，但和校长所拥有的广泛的社会声望相比，教师的权力相对薄弱，但教师和几乎没有什么资本的孩子们相比，又具有了一定的权力。这样，课程设计场域内校长、教师和孩子们的权力清晰可见。家长和孩子由于其所结成的独特血缘关系，家长是孩子的抚养者和监护人，这样家长先在地拥有了更多的权力，另外，由于家长拥有相关的成长经历，家长们由于具有独有的文化资本而可以以自己总结的经验来规训自己的孩子。由此可见，孩子们在整个过程中由于外在各种权力的规训而不断地被塑造，在各种话语的压迫之下，孩子们失去了自己，成为话语力量的附属品。

在课程设计场域中，政府官员和一般村民同为课程设计者，但二者之间由于在经济收入、社会地位等方面的悬殊差异，因此，政府官员与一般村民在课程设计中的角色与作用完全不同。在课程设计过程当中，作为政府官员，乡长对鄂伦春民族文化课程需要达到什么样的目标、选择哪些内容、如何实施这门课程等阐述了很多自己的看法，并且表达了"鄂伦春民族文化课程要为政府接待外来人员服务"的观点；而一般的村民对鄂伦春民族文化课程的目标、内容等没有太多想法，他们认为学校以及其他权威人士能够处理好这些事情。由此可见，社会主流的意识形态已经使村民们习得了他人权力对自己的规约，对他们而言，这个世界是什么样的，怎样发展，那都是别人的事情，自己没有能力，也没有责任来做这些事情，自己唯一能做的就是按照别人说的去做。这些村民已经失去了自身的主体性，在他者的权力面前，他们成为了手无寸铁的顺从者，优势群体、主流意识成为他们所思所想、所作所为的前提性假设。由此，一般村民的声音以及他们自身的利益在课程设计中无从体现，我们不能不说"教育或课程被视为维持既存的社会特权、利益和知识的基本手段，为了保持自身特权，甚至可以牺牲权力较小的集团"[28]。

课程设计场域内课程专家和教育局相关人员以及教研员之间构成了一对分析的范畴,三者同为教育系统内的协调者、业务指导者,但三者之间的差异还是很显著的。相对于教研员、教育局一般的职员,课程专家的社会地位相对较高,而且课程专家拥有学历证书等制度化的文化资本的保证,另外,课程专家也拥有更多的经济资本,这样使得课程专家的权力大增,在课程设计过程中,当探讨"如何编写教材、如何上课、如何评价学生"等问题时,当课程专家和教研员、教育局一般职员之间发生冲突时,课程专家的话语往往被认定为权威,并且在整个课程设计过程中课程专家总是以一种专家的身份对整个课程设计进行所谓的"专业控制"。由于"统治阶级的意识形态是作为社会规范的、合法的、全体成员必须遵从的意识形态出现的,因而它往往是引导课程专家思想的法定的、唯一的意识形态"[29],因此,课程专家的话语再现了统治阶级的意识形态。

课程设计场域是以上诸多课程设计者之间进行权力博弈的过程,并不是只有相应的范畴才进行了资本的较量,由此,鄂伦春民族文化课程设计是鄂伦春老人、鄂伦春中青年、鄂伦春孩子、汉族孩子、满族孩子、校长、教师、学生家长、课程专家、教研员、教育局一般工作人员、政府干部、一般村民以及本民族知识分子共同进行的知识的甄别、选择与组织过程,在这个过程中,课程设计场域内不断地进行着权力的冲突,从而改变着课程设计场域内各个行动者之间结成的位置关系。

在鄂伦春传统文化与课程设计主体进行视域融合从而生成知识的过程中,课程设计主体的价值判断的认知结构总是笼罩在一种权力的意识形态当中,在课程设计过程的场域中,具有一定文化资本的本民族知识分子利用自身独有的象征资本不断地进行着话语暴力,从而将可观的等级制度、权力关系以及社会结构在课程设计过程中再现成合理的、合法的。之所以如此,我认为基于以下两方面的原因:

首先,本民族的知识分子在整个社会结构当中处于一种统治的地位。在本研究当中,鄂伦春民族的知识分子都生活在城市里,并且在城市里从事着一份待遇优厚、地位较高的工作,这使得他们具有意识形态的合法性。阿普尔认为，某个群体把自己的知识变成"所有人的知识"的能力与该群体在更广泛政治经济领域内的权力有关系，权力与文化不是相互没有联系的静态实体，而是辩证地交织在一起，经济的权力和控制与文化的权力和控制是互相联系的。因此，在经济上占统治地位的阶级，总是喜欢以其意识形态来控制学校知识，选择课程知识，从而使其合法化，达到维护统治阶级利益的目的，意识形态成为课程知识选择的标准。[30]鄂伦春族知识分子在课程设计场域中被其他课程设计者看成"有出息的"、"优秀的""收入比较高"的城里人，他们自己也是这样来评价自己的。这样，他们在经济上占有绝对的优势地位，这种优势促使他们在课程设计中控制文化的权力大增，以至于课程设计者默认了他们的文化权力，并承认其文化控制权力的合法性，这种认可不但来自其他课程设计者，也来自他们自身。在本研究中，尽管 X 鄂伦春民族乡的妇女主任在经济收入上要高于教师、国家公务员，在整个课程设计场域中占有较多的经济资本，但是，和鄂伦春本民族知识分子相比，她所处的社会阶层较低，仅仅是养羊的村民，另外，她作为鄂伦春中年人对本民族文化了解较少，这使得她的话语权受到一定限制。

其次，他们作为本民族当中的知识分子对本民族文化的绝对占有使他们在知识上获得了另外的合法性。布迪厄对文化象征资本的看法是，任何文化知识体系都有一种把社会权力体系引入并使之合法化的特性，而权力意识形态的结构化将社会限制和支配剥夺合法化了。文化资本是构成社会符号力的基本条件，具有不同的文化象征资本，就具有不同的文化符号支配和被支配的可能性。拥有更多的文化象征资本的人可以支配或控制文化资本少的群落，具有主导性权力话语支配力的群体，可以支配社会地位、身份和等级差异方面处于弱势的社会群落。[31]鄂伦春本民族的知识分子在他人眼里是"文化人"，他们自己也给自己贴上了"文化人"的标签，对此，一位鄂伦春本民族知识分子说到：非常感谢党把我们从山上接下来了，受了教育，变成文化人了。尽管身为村民的鄂伦春老人对自己的民族文化也有一定的了解，但是由于这些老人对自己民族文化的理解往往是经验性的，缺少深入系统的研究和思考，另外身为村民的身份也使得他们无法和鄂伦春本民族知识分子进行权力的抗衡。这样，鄂伦春本民族知识分子在课程设计场域中拥有了较多的象征性权力，而获得普遍性的接受与认可。某鄂伦春知识分子对于自己拥有的文化资本十分自信：

　　我跟你讲，你不是没搞过具体工作，比如像我们都搞过这种工作，像收集民歌、民间故事，然后把那个民歌、民间故事用汉族文学的方式表达出来。所以说，你要想搞这个研究，不是你会说鄂伦春话就能研究的，你必须得有一定的汉语水平，你的表达能力必须达到一定程度。

　　课程设计场域内的其他设计者也对鄂伦春知识分子的文化资本以及象征资本也十分认可：

　　鄂伦春下山定居从1953年开始，从1953年到现在应该是近六十年的时间，1953年之前出生的人，对鄂伦春文化比较了解，而1953年之后出生的孩子也好，成人也好，对鄂伦春文化了解不是很深刻，所以说六十岁以上的老人对于传承鄂伦春民族文化应该起到非常关键的作用，所以说六十岁以上的老人是我们的宝贵财富，这部分人是国宝。（集体审议P）

　　尽管在课程设计场域中六十岁以上的鄂伦春老人被其他人敬为"国宝"，但是，真正能够称得上"国宝"的只是城里的"文化人"，村里的村民已经被排除在外。

　　我们已经搞了二十七八年，谁手里都有点东西，可以把这些东西再筛选、节选。我们也都当过教师，对怎样教育下一代懂点。民歌、舞蹈、民间故事这都有，这些年，我们都出了很多。可以教孩子故事、唱歌、跳汉白舞，这样孩子回家可以讲给奶奶听。你说我这路子可以吧？（说到此处，老人脸上露出得意的笑容）（集体审议Gr）

　　知识分子的身份赋予鄂伦春本民族知识分子更多的文化资本以及由此而带来的象征资本。在课程设计场域中，尽管其他课程设计者也在课程设计实践中不断地彰显自己的课程设计权力，但是，鄂伦春本民族知识分子的在场，他们的身份，他们所拥有的各类资本使他们在课程设计场域中具有主导性话语权力支配力，这种支配力大到支配其他的课程设计者，从而使本民族知识分子的话语在一定程度上生产了课程知识。

对于知识分子,布迪厄认为他们是"统治阶级中的被统治者","他们拥有权力,并且由于占有文化资本而被授予某种特权,他们中的一些人甚至占有大量的文化资本,大到足以对文化资本施加权力,就这方面而言,他们具有统治性"[32]。鄂伦春本民族知识分子毕竟是统治阶级的一员,知识分子的身份使他们具有表征事物的符号权力,并且在从事文化生产的过程中,维护现存的社会结构体系、维护统治阶级的意志是他们做事的前设,这样,鄂伦春民族知识分子的课程设计过程中发挥着他们固有的社会区隔作用,无意识地进行着社会结构的再生产。

通过上面的分析,我们看到鄂伦春本民族知识分子由于他们经济资本、社会地位以及文化资本拥有数量之多,使他们在课程设计场域中成为绝对的主流阶级。阿普尔曾说:"课程是主流阶级的权力、意志、价值观念、意识形态的体现和象征,它实际是一种官方知识,是一种法定文化。"[33]在课程设计过程中,作为主流阶级,鄂伦春本民族知识分子由于多重合法性使他们在课程设计的场域中占有了象征资本、关系资本,从而拥有更多的话语权。因此,在鄂伦春民族文化课程设计过程中,诸多课程设计者在进行社会建构的过程中,课程设计的结果就是通过社会建构后而达成的共识性知识,这是经过了各个阶层的权力博弈从而生成的事实,并且一般而言,是社会统治阶层的话语再现,通过权力博弈,课程知识最后成为合理、合法知识的表达。由此,课程设计完成了再生产统治阶级文化、意识形态和阶级关系的社会职能。

阿普尔曾说:"课程知识的研究就是意识形态的研究,就是在特定历史时期、特殊机构、特定社会群体和阶级把什么知识看作合法性知识的问题。"[34]而合法性的标准主要来自国家对学校课程的各种规定性,在此,我们看到了在课程设计场域内存在一个大写的国家,国家已经被悬置于课程设计者的头上,成为影响课程设计的"幕后操纵人"。

对于鄂伦春民族文化课程的成败,诸多课程设计者达成共识:国家必须得重视!在课程设计者看来,只有国家重视,鄂伦春民族文化才能延缓消亡的速度，否则，鄂伦春文化很快就会在其他民族文化，尤其是汉族文化的影响下迅速消亡。"国家重视"是影响鄂伦春民族课程设计的最关键性因素，这种重视除了党中央的重视之外，民族主管部门还要重视，市政府、市县政府也要重视，市县教育主管部门、各级教委最好都能重视，只有国家各级行政部门都重视起来，鄂伦春文化课程设计才可能获得成功。

尽管鄂伦春民族文化课程是一门校本课程，这种微观层面的课程设计根本就没有国家教育部、省教育厅等国家权力部门相关人员的参与，但是，课程设计场域中，国家权力作为一种超越所有课程设计者的隐性权力，却发挥着巨大的作用力。透视鄂伦春民族文化课程设计过程，我们可以看到：课程目标要与国家大的教育目的保持一致；课程内容要选择"没有共产党就没有新中国"这样的反应新社会好、旧社会不好的歌曲，而与国家教育方针不相符合的鄂伦春宗教、萨满文化则必须排除在外；在课程评价方面，课程设计者主张以考试的形式进行，因为考试不仅仅是对学生评价的过程，更重要的是，考试赋予了鄂伦春民族文化课更重要的意义：考试科目是国家认可了的重要科目，只有这样的科目，学校、教师、家长、社会才能真正重视；对于课程资源——教材，它的使用和发行必须经过相应的审核和认定，这种审核和认定是国家权力对之发挥作用的过程，只有通过了评定的教材，才能由于获得了国家权力的认可而具有了合法性；另外，鄂伦春民族文化课程作为一门具有挑战性的课程，它的实施需要相应的教师培训跟上，由于鄂伦春民族文化课程的教师培训需要相应的培训计划才能加以实施，而民族教育在目标上列不进来，这样，只有从上面做，才能具有实施的可能，上面的认定是教师培训的令箭，没有上面的认定，教师培训无法列入计划之内，而是否进入计划则有不同的意义，进入计划的，是国家鉴定通过的，因而也就是合理合法的，反之，是不被人承认和认可的。

"若没有一个沟通，记录，积累和转移系统，任何知识都不可能形成。这系统本身就是一种权力形态，其存在与功能同其他形式的权力紧密相连。反之，任何权力的行使都离不开对知识的汲取、占有、分配和保留。

从这种层次上来看，不存在知识与社会的对立，也不存在科学与国家的对立，而是存在着知识—权力的基本形式。"[35] 课程设计过程就是课程设计者对鄂伦春传统民族文化进行甄别、选择、积累、加以创造从而形成课程知识的过程。通过田野研究，我们看到这个过程就是主流阶级、国家权力的控制过程，主流阶级、国家权力也正是通过课程设计过程以隐性的方式完成了权力的行使。在此意义上，课程设计是权力与知识相互依存、共生共长的存在形式。

  在此需要说明的是，与目标模式等课程设计模式相比，人类学课程设计模式已经最大限度地避免了意识形态的控制。课程设计作为一项诸多人员共同从事的活动，课程设计者所处的社会、历史、文化必然先在地影响着课程设计者的价值、信念，这样，课程设计者在思考问题时依照社会所认可的假定也是一种必然。问题的关键不在于消除意识形态的影响，而在于让课程设计在意识形态的影响下成为一种积极的权力与知识关系重建的实践。"课堂中隐蔽的权力与权威不管如何得到暴露和抨击，但终究是无济于事的，这是显而易见的。必要的是，不是排除和暴露栖身于课堂的权力和权威，而是根据教育过程探索重建这种权力与权威的关系。"[36] 人类学课程设计模式解构了以往课程设计的逻辑，即课程设计是课程专家、学科专家、校长的事情；课程设计应该是从教育系统内部发起的，从内到外的过程；课程设计的问题是泰勒经典问题的具体化等等，这样课程设计不再是某一群体的专利，多元课程设计者使课程设计权力不再集中于某些优势群体手中，内外同时进行的设计流程也避免了权力过于集中，形成话语霸权；对于课程设计过程意义的解读有利于揭示课程设计背后的权力控制，这样，"学校课程不仅是统治阶级文化、意识形态和阶级关系的再生产装置，也是实行抵制的实践、进行反霸权斗争、实现民主主义的文化实践过程"[37]。

第四章

无文字民族文化传承中的教育选择结果

第一节 教育选择概观

  对于如何在学校教育中传承和创新鄂伦春民族文化，在进行了多元阐释之后，本研究力图给大家一个终结性的结论。本研究的各个参与者对于该如何从整体上把握和传承鄂伦春民族文化，纷纷献计献策。黑龙江省 X 鄂伦春民族学校所在的某市教育局相关人员从显性课程和隐性课程两个维度给出了建议。显性课程就是鄂伦春民族文化校本课程，隐性课程就是学校要组织各种活动，包括课题研究、有关鄂伦春民族文化的一些活动等。

  实际上要说深入了解吧，我还不太深入，因为毕竟我还是兼职。但通过这个工作，因为以往做过民族工作的指导员，另外和那个校长、老师，还直接深入到学校，或者搞一些活动，对这些方式比较了解。我觉得就像 U 老师所说的，越是民族的东西越是世界的，所以坚持和发扬下去。所以，在做这项工作的时候，特别是和他们在一起探讨的时候，觉得应该坚持下去，特别是宝贵的东西，以前民族，特别是他们自身和其他民族相区别的东西，特别是文化部分应该发扬下去。但是通过什么办法呢？就是说我们在一起曾经探讨过，一方面就是通过课程方面，课程方面就是通过教材,改进教学方法,让孩子们通过喜闻乐见的形式能够让他们接受,这样是一种方法;另外一个就是通过活动,就是说和当地的老人,搞艺术的一些人员,不同层面的人在一起就是给孩子们设计一些活动,然后给他们搭建一个平台,让他们展示。这样可以激发他们对民族文化的热爱,这是活动的一个方式;另外还有研究的方式,比如说我们在论文方面,比如说孩子的制作、小发明,或者教师的论文,到省里去参加课题,就这些充分挖掘民族的东西,文化的东西。(访谈 Gj)

由于 X 鄂伦春民族学校已经存在"中草药种植"课题等隐性课程,只需要在此基础上进一步完善,由于篇幅有限,在此只对显性的校本课程设计作详细介绍。

一、课程的实现目标

对于鄂伦春民族文化校本课程最终要达成的目标,本研究的各个参与者在进行教育选择之时,从情感、态度、价值观和方法等角度进行了独特的阐述。

我对鄂族文化不是有深入的研究,但有一些了解,比如说,我们经常去参观桦皮画、他们的舞蹈,还有摄影啊,他们那些狩猎啊,吃苦耐劳的那种精神啊,有人文的吧,还有他们的一种生活习惯吧!他们的游猎生活给他们带来的那种精神啊,就那些东西可能会给他们的孩子带来一种潜移默化的影响吧!这种精神应该属于可承领域的内容吧!另外就是动手这方面,就是他们非常聪明,动手做的那块给人一种淳朴的感觉,但是还能给人一种生活化的感受,不是像现在机器刻出一个模子的那种东西,让人有一种美的享受,让人有那种感受。(访谈 Gj)

其实,鄂伦春民族文化课程所要达成的目标,不仅包括让学生了解鄂伦春民族文化的一些知识要素,更重要的是在学习鄂伦春民族文化过程中培养鄂伦春学生的民族自尊心、自豪感,在掌握鄂伦春民族文化的技能、方法中促使学生形成解决问题的智慧。在此过程中,激发学生文化自觉的前提下，在传承和创新民族文化的过程中，培养学生批判意识、批判性思考能力、为追求自由生活而不断实现自我和他人的全面解放。

二、课程内容选择

对于鄂伦春民族文化校本课程的具体内容以及如何组织，鄂伦春老人Mj建议主要包括历史、语言和非物质文化三个部分，通过这三部分孩子们基本上能够了解鄂伦春民族文化的概貌。

要分几部分吧。第一部分应该是历史。就是说民族史吧，就是我们鄂伦春民族的由来。鄂伦春族是全国55个少数民族之一，属于北方的极小民族。然后简单介绍一下，就是说它的由来、地域、分布、人口，让孩子知道鄂伦春族怎么回事。我是鄂伦春族，脑袋里有这么个印象。当别的同学、朋友、同事问起我来的时候，我是鄂伦春族，能说出来怎么回事，先有个历史。像历史里边可以包括很多，像定居前后可以分段啊。第一段定居前，从原始社会末期到定居这一段，比如说多少年啊，其中发展的几个过程。其中第一个过程，比如说在清朝，就是北方的民族，是肃慎吧，是肃慎的一支。之后可以说历史上一些大事，咱们鄂伦春出现一些人物。比方说在历史上比较有名的人物、古代人物、英雄和当代名人，对整个中华民族作过什么贡献啊，都可以列上。再其次就是说鄂伦春民族的分布、特征，是不是？原始部落的称呼，让孩子都了解。比如说我是赤尔宾河部落的，我的部落是怎么回事。最先在赤尔宾河定居的是个什么状况，定居前是个什么状况都可以写在里边。第二部分就是民族语言课了，是不是？第一部分是历史，第二部分就是语言。语言就是可以说是结合一些彩图。第三部分就是文学艺术。你说这个语言是和文学艺术在一起呢，还是分开呢？语言应该是单的吧。是不是？语言就是语言。历史是第一大块，语言是第二大块，第三个就是……文学艺术概念有点小，非物质文化吧，是不是？鄂伦春民族非物质文化，只要就是跟这个历史文化有关的东西都可以在这部分里边，包括民间文学的都可以整到第三部分。我认为三部分基本就差不多了。可以说出上下册也好，或者出一二三册也好，孩子要是把这三册都学到，掌握到百分之八十以上，孩子掌握自己的民族，鄂伦春民族，会有个非常好的人生。（访谈 Mj）

当提及应该让 X 鄂伦春民族学校的孩子学习哪些鄂伦春民族文化时，个案学校所在乡的副乡长首先提议的就是鄂伦春民族的历史，并主张在教材呈现上图文并茂。

最先应该是了解鄂伦春这些历史，民族的历史。比如说一个孩子和其他民族孩子聊，说我是鄂伦春族。人家其他孩子就会问：那你们鄂伦春族是怎么来的？你鄂伦春是什么意思？现在没有几个小孩能说出来，对不对？他应该说，我们鄂伦春是什么意思？鄂伦春是鄂伦春语的音译。原意是山水上的人。可以说通过族源、民族的风俗习惯、自然再到一些民族文化，你比如说，和狩猎文化有关的，包括兽皮加工、祭祀山神、萨满这些东西。就是说从民族起源开始吧，就像那个历史教材似的，图文并茂。有可能的话，出带彩图那样的书。像现在小学几年级那个自然课本、历史课本，比咱们小学那时候学得不强多了嘛！那就黑白的，有一张图就很好了，现在每篇都有图。小孩看图就能记扎实，是不是？图文并茂的一些东西。（访谈 Mg）

对于鄂伦春民族历史该怎样让孩子们学习，Mg 副乡长进一步建议，以时间作为主要的逻辑线索，在每个时间段内呈现鄂伦春民族的历史、语言等内容，这样在每个时间段内鄂伦春民族文化以综合的形态出现。

"对。让就是说学点历史。比如说这段历史我们学 1953 年定居前的历史，500 年的历史。再学一段这段的语言。就没有说新词汇了，就是定居前的语言。或者说弓箭、弩了，包括一些动物的名称，在山上居住的房屋，那些东西都可以学。非物质文化也可以学这段的东西。再一段，再进行的时候，比如说学到定居之后了，再学历史，再同时学，比如说这节课开这个，过三天下节课开那个。同时学，比如说这一时期的语言发生了什么样的变化，比如说出现了一些新的词汇，比如说枪支是什么时候出现的，这个可以结合图。这个枪咱们在什么时候使用的，这种枪是哪国产的，咱们鄂伦春称呼什么。用几个狍子可以换一支枪。完了再学下一段。下一段比如说是改革开放，1980年吧——承包之后，就是说历史啊，历史上的东西出现的大事或者一些新的变化，包括一些名人啊。接着1980年之后，新词汇啥的。当然80年之后新词汇比较少了，但是也有。就是让历史、语言和非物质文化东西同时进行。（访谈Mg）

对于鄂伦春文化校本课程是分为语言、历史、故事、歌舞等各个文化要素分别进行，还是综合展开，多数的课程设计者建议综合呈现。

我感觉还是纵向的好，完了各个方面都有。孩子小的时候简单的歌、简单的舞蹈、简单的风俗，完了随着年级增长逐渐往上长，但是都要有。你要是单独的，这边都是舞蹈，这边都是唱，这边都是风俗，那最后又把它变成单一的了，现在还是综合的好，有唱有跳。你就拿咱一天的生活来说，早晨起来跑步，上午上课，中午吃饭，下午玩，就像一天似的，我的一天，我的另一天，你让他一页一页都有这些内容，重复呢，就是在原来的基础上再提升一点，下一年再提升一点。（访谈U老师）

我觉得语言课必须开。至于语言课和鄂伦春文化课的关系，我比较赞成小葛的观点，让语言成为其中的一部分，然后我们把这些融到这里，整个一门课程下来，不可能是好几门课，如果把他分成几个专题，这样目标会太分散，不容易把学生引领到综合素质、很强的地方，所以说语言作为一种工具，同时歌、舞，歌就可以直接教鄂伦春语的歌，然后他跳起来、唱起来，这样的话，回头把语言不就强化了嘛！至于那些像民族小故事、民族风情、主要的英雄故事，小故事就是欣赏老人，欣赏这些英雄，一小段就是了，会讲故事，会听，会编一个自己身边的爷爷奶奶的故事，也编进去。我还觉得西方有些东西很好，就是组织学生自己来编教材，自己来学，咱们现在是帮着孩子编教材，实际上孩子们学什么孩子自己知道。如果是这样的话，你给他介绍一个小人物，作业就是：你把你爷爷奶奶的优秀事迹编成小故事。他既写，又消化理解了。他学了这个东西干什么，把自己身边的人和事写出来，说出来，不也很好嘛！

Y：这些故事您觉得用什么语言来呈现呢？

U：简短的故事能用鄂语那是最好的了，长一点的故事，他由于语言上的障碍，得到高年级才能讲。人物介绍，低年级可以用学过的语言，要是没学过的语言，你就得用汉字解释，反正他也学，是不是？或者你给他编成音像磁带，即有小故事，又有小歌舞，还有老人讲他的故事，然后唱、跳，反正就是丰富多彩一点的。

对此，U 老师对鄂伦春民族文化校本课程的具体展开方式作了进一步补充说明，尤其在作业评价方式和标准方面，提出了具体化的建议。

对，再就是这门课是校本课程，对吧？我们把它定为校本课程，但是课程呈现的方式，老师和学生进行的方式肯定不是那种死板的老师讲学生听。我们通过一个画面，老人跳，然后孩子们也跟着一起跳，老师都跟着一起来做，有点像咱们说疯狂英语也好，兔兔英语也好，你看那种，孩子们都喜欢，就变成那种做的，看看片，然后自己做一做。比如介绍一个老人，然后留作业：回去访问老人，老人的特点写出来，能用鄂语写最好，能用鄂语讲是最好的了。评价标准是不一样的，能用鄂语写的，打 100 分，能用鄂语讲的打 120 分，用汉语写的打 80 分，学生知道了，啊，原来鼓励的方式在教材里能体现出来。（访谈 U 老师）

三、课程设计的依据

在对鄂伦春民族文化课程进行人类学课程设计之时，课程设计者纷纷阐述自己的观点，在平等对话中，课程设计者不仅提出了课程内容应该包括哪些，还对课程设计的依据给予了具体阐述。具体来说，他们主要考虑到学生和内容这两个方面。学生方面主要考虑学生自身独特的体验、学生的接受能力、年龄特征等方面；内容方面主要考虑鄂伦春民族文化的时代特性、精华性等特点。

Y：那内容安排上呢？

G：内容安排上那就是图文并茂，因为有的时候孩子的感受可能会比成年人感受得更直接，可能会有成年人意想不到的那种认识。你在图上丰富一些，给孩子一些想象的空间，比如说鄂伦春民族狩猎的时候艰难困苦的那种环境，磨炼人的意志那些东西的时候，孩子自然有自己的感受，那可能要比成人还要深刻，因为成人经历了，觉得并不是很难、很苦，但是孩子们看到他们想象不到的那么苦的情况下，那么他们的感受可能会更深刻一些。你比如说前两天我给我姑娘讲的故事，我说我上高中的时候，那个时候没有钱，然后拿钱上小卖店去买人家的那个饼干渣吃，我姑娘根本就不信，所以说成人觉得那个时候就那个年代也无所谓了，但孩子可不一样，所以有的时候用这种方式，他孩子感受更深刻。（访谈Gj）

Y：刚才说到这个编教材，你为什么这么想？就是你根据什么呢？

U：我是根据孩子们的接受能力，再一个就是我们还是要选一些精华的东西，不可能所有的东西都选进教材。比如服饰这一块，开始，小孩子可以看一看他们那些图案，他们当时做在手套上的图案，衣服大襟上的图案，可以标上几句话说：这个小手套与众不同，不同在哪儿？与现在手套一比，现代手套是毛线织的，那手套是皮做的，毛线织的是缝上的小花，甚至是机器图案缝的，而那时候呢，是老人用袍皮做的，就比较就行了，就是一句话我们鄂伦春人手还是挺巧的。就是说让他感觉我们这个民族的东西都很好，虽然说我现在带这个手套也很好，但那个手套老人织的也很好，逐渐上升到手套上的图案，悠车上的图案，再上升到那个服饰上的图案，再到那个帽子。帽子是个袍皮，然后是袍头，他设计的很美，两边是鹿角，然后就看呗，用美学的角度，找找，让他画下来，然后你可以自己设计一个帽子，比较过去的原始的帽子，你给自己设计一个漂亮的帽子，反映自己是鄂伦春的孩子，在大森林当中，或者在田野当中奔跑。你说那个帽子本来可以不带角，但他为什么带角呢？因为鹿可能像什么。这样的话，你有图画的，随着年龄，开始是欣赏，后来是自己设计，画出来。（访谈U老师）

Zj：鄂伦春有特点的都纳进来，如果有条件编制的话，把它可以分为根据年龄特点来编，学生身心特点来编，比方说低年级的侧重于语言，侧重于诗歌，不是侧重于它的说唱等等，然后高年级有思维能力之后，可以设计一些桦皮，随着编到不同的年级里头，如果要是能够成功的话，在小学编制两三册，在中学编两三册，基本上就把这些全放进去了。（访谈 Zj）

第二节 教 学 设 计

在前期研究中，本研究团队人员曾在 2006 年参加了瑞典组织的"希望之星少数民族教师培训"的活动，在活动中收集到根据现在所用的延边教育出版社鄂伦春语教材进行的"我的家"教学设计。

我的家教学设计

教学内容：延边教育出版社鄂伦春语（上册）第 19—20 页。

一、教材分析及学生分析

1. 教材简介

"我的家"这部分知识是学生在已掌握了国际音标和部分词语的基础上进行教学的。

教材先组织学习词语，并注意联系实际，提高学生的学习兴趣，使学生初步了解"爷爷、奶奶、爸爸、妈妈"等词语的频度方法及相互关系。接着教材给学生介绍了"我的家"这篇课文的拼读方法，并简单介绍了有关语法知识。最后，给学生引出鄂伦春语有元音和谐现象，即元音之间要按一定的元音性别进行和谐搭配，以便于学生掌握规律，为应用到今后的生活和学习中奠定了基础。

2. 学生分析

学生已经能在教师的指导下，拼读简单的词语的发音，发现并提出简单的频度问题，在解决问题过程中，能进行比较简单的、有条理的思考。

二、教学目标的阐述、教学目标确定的依据与落实设想

依据《课程标准》对教学要求的阐述，依据本节教学内容和学生知识基础及生活经验，本着"服务于学生"这一教学理念，我确定的教学目标如下：

知识目标：认识"爷爷、奶奶、爸爸、妈妈"等鄂伦春语，正确读出这些词语；能准确、流利、有感情地朗读课文。

情感目标：通过创设教学情境，让学生参与拼读活动，获得情感上的体验，培养学生的民族自豪感。

能力目标：在教学活动中，培养学生观察、拼读能力。

根据上述目标，我确定本节课的教学重点是：能正确读、写"爷爷、奶奶、哥哥、姐姐"等鄂伦春语；能正确、流利地朗读课文。

教学难点：使学生掌握拼读方法。

三、教学方式、学习方式、评价方式、教学手段的说明

为了更好地实现本节课的教学目标，我本着"让学生在生动、具体的情境中学习语言"这一教学理念，采用了观察——探讨——拼读——表演的教学方法，采用自主探究、合作交流的学习方式，让学生参与语言的发生、发展和形成的全过程，同时注重以多媒体课件和学具为凭借，帮助学生从抽象思维到形象思维的转化，突出重点，突破难点。教学中，我主要采用教师评价、学生自评、互评等方式，帮助学生悦纳自己，拥有信心。

四、教学流程的设计

为了实现通过教学达到促进人的发展这一目的，我设计了如下教学流程：

第一个环节：人们常说，良好的开端是成功的一半。上课伊始，我与学生进行谈话，拉近师生之间的情感距离。在师生情感交融之时，指着黑板说："同学们看，'我的家'是指我们个人的小家庭，我们要把小家庭与民族大家庭结合起来，把国家和民族的要求转化为自己的需要，要有一种民族责任感，自觉主动地学习民族语言。"接着，我导入新课说："这节课，我们就来学习我的家。"这样既直接又自然，也渗透了"民族教育"这一教学理念。

第二个环节：合作学习，探究新知

首先，我提出问题："你们想知道有关我的家的哪些知识呢？"引导学生进入发现问题、提出问题的阶段。接着我对学生提出的问题进行梳理，

并组织学生对提出的问题进行自主探究。在学生进行反馈时,我把重点放在"生活、妈妈、人、家"等词语的拼读上,运用讲解、演示等方法,让学生知道词语发音的形成,也为培养学生的拼读能力奠定了基础。

在学生初步掌握了词语拼读方法之后,我安排了一组练习题(课中)帮助学生巩固知识:练习中的译成鄂伦春语中的"奶奶"、"生活"两个词语,引起了学生的争议,这时,我没有直接讲解,而是先让学生观察,在学生产生疑问"为什么"后,引导学生阅读教材寻找答案。这样的设计不但突破了难点,也培养了学生解决问题的能力。

在朗读课文时,我是让学生在小组内合作探究,得出拼读方法的。为了拓宽学生的思路,我利用多媒体再向学生介绍拼读方法(课件),这样可以使学生体会到如何掌握及运用鄂伦春语言。在学生对本节课的知识有了一个系统的认识的基础上,我让学生用不同的方法朗读课文,如齐读、接龙读、外组读、个别读等,这样能更好地巩固本节课的教学内容。

学生对鄂伦春族语言充满神秘感和好奇心,很想知道更多的有关民族语言的知识,因此,我为学生创设了资源共享的机会,为学生提供了一个资料丰富的"百宝箱",供学生查阅,满足学生的猎奇心理。

第三个环节:巧设联系,培养能力

本着"由浅入深,循序渐进,既重视双基,又重视新知识的应用,面向全体学生,着眼提高学生整体素质"的原则,我设计了基础题、开放题和拓展延伸题。基础题以填空的形式出现,开放题以问答的形式出现。接着我用多媒体课件出示了本节课以外的家庭成员名称,引出了拓展延伸题。这样的习题设计,不但巩固了本节课所学的知识,也激发了学生的创造欲望,让学生再次感悟到鄂伦春语言并不神秘,就在身边。

五、板书设计

我这节课的板书设计,主要采用"总分总式"板书,内容突出,条理清楚,比较适合学生的心理特点。

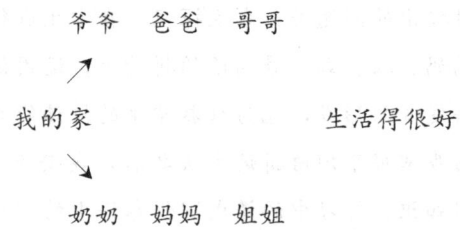

六、教学效果预测

通过本节课的学习,由于重视发挥学生的主体作用,学生一定会积极参与教学活动。这样不仅有利于学生掌握本节课的知识,更能促进学生探究能力的生成,不仅能使学生形成一个较为完整的知识体系,更能拓宽知识领域,收到知识与能力双丰收的教学效果。我相信不同的学生在民族语言上一定会得到不同程度的发展。

七、教学反思

经过实践,我进行了教学反思,认为比较成功的地方有以下几点:

1. 尊重学生,体现人文关怀——让每名学生都有机会表达自己的思想,在活动中获得成功体验。

2. 在合作交流中互相启发,共同发展。学生不仅要掌握知识,更要掌握获得知识的方法。在这节课的学习过程中,学到的知识是有限的,但从获得知识的方法中收到的启发是无穷的。

3. 巧设情境,提供发展空间——促进了学生思维的发展,培养了学生的创新能力。

我在本节课的设计上,突破了教学的封闭性,扩展了学生学习的时空,将课内与课外很好地结合起来。例如,我给学生提供了一个资源共享的机会,满足了学生的猎奇心理;又如,我让学拼读本节课以外的家庭成员名称,这样的教学设计都将学生置身于一种动态、开放、主动、多元的学习环境中。

4. 在本节课的教学中也有着许多不足,例如虽然本节课我一直在鼓励学生,使他们自信心有了提高,思维也活跃了起来,相比之下,教师的评价手段比较单一,只有口头上的表扬。我想,如果再运用奖励红花、民族之星等方法，会更好地调动学生的积极性。对学生个性差异的关注还有待于加强。

总之，在教学中我立足于把学习的主动权交给学生，在改变教学方式、学习方式方面，又进行了一次有益尝试，实现了真正的教学相长。

（Dyl 教学设计文本）

我们认为在现行教材的制约之下，该教师能够根据教材的情况和学生实际特点设计"我的家"这节课，已经十分难得。根据前面的研究，本研究的参与者主张以一种综合的方式来呈现鄂伦春民族文化，并且在教材呈现时候力图实现图文并茂的特点。为此，U 老师根据 X 鄂伦春民族学校的实际，进行了针对性的教学设计：

我的意思是，就是十几个孩子，如果你不分年级，就存在一定差距。可以那样的，一本教材里有多少课，一课让内容多些，就像一个专题似的，每周一课，这周这课都是浅的，下周那课就都是深的。这要是按课时算，你一周就是一课时的时间，你可以上课的时候领他们活动，在作业中可以再布置一些其他内容。低年级的新生你给他留作业的时候是一个难度，高年级的又一个难度，在教材里就分出来，但这个教材低年级能看，高年级也能看，就是避免分年级太细。一共就是十多个孩子，你再把它分五个年级，这课没法教了。但是可以一起来教，都在这里头，但是低年级留的作业和高年级留的作业不一样。

Y：假设说只有一个班的话，不是分年级上的话，只有一本教材的话，您的意思也是横向都包括，然后由浅入深，是这样吗？

U：对。要想适合不同年级、不同年龄的孩子，那就分成块。四五年级，设计一个帽子，真正做出来，真正就是说和动物，亲近自然的色彩，这个帽子怎么制作更好一点，还有民族色彩。低年级呢，就可以给自己设计个图案，带在身上，亲近自然的，喜欢哪种动物了，哪种动物的生活习性，他那个养野猪，养犴子，养狍子，还养鹿，对吧！都可以和动物交流嘛！实际上我感觉这个东西，单纯从美术上可能学不到，因为他是个游牧民族，但是涉及课，就得分着来做作业。你比如说你学了这上面有一个人物，说写我的奶奶，就让他了解奶奶的过去，这是对低年级，一二三年级的要求：了解。那对高年级呢，那就是"教奶奶做什么"，学点现代的东西，这不也行嘛！你教奶奶学点现代的东西，奶奶教你学鄂语，这不就高一层了！那低年级就可以了解奶奶的过去，他问问奶奶都干啥，以前，用鄂语把它讲出来，大学生就可以坐在一起谈，所以这种方式就是表现呗！这就是故事的形式，这就是从作业上分出来的，反正我觉得是。唱歌也是，还可以让他们改歌，比如说把汉语歌改成鄂语歌唱。现在没标出来的那个鄂语歌，把汉语的用鄂语唱，然后定期搞搞比赛什么的。唱去呗！

第三节　建构生态课堂

　　基于以上的研究和思考，我们认为在鄂伦春民族文化校本课程实施当中应该建构一种生态课堂，那么究竟何谓生态课堂，生态课堂有哪些基本因素，生态课堂有什么样的特征，对此，我们进一步剖析[①]：

　　生态学是一门联结生命、环境和人类社会的有关可持续发展的系统科学。生态课堂于20世纪70年代在西方兴起，我国学者在近几年开始进行研究。生态课堂的出现唤醒了一种思维方式，学校教育以课堂为轴心，从认知领域到生命领域，向学生生活的各个领域拓展延伸，以一个全新的视角审视课堂教学，以追求生态课堂的价值。

　　传统的课堂教学把课堂当作车间，学生既是"原料"又是"产品"，所以有了"合格率"、"优秀率"，把课堂教学当作"工艺流程"，上课就是演示教案的过程[38]，无视生命的存在，无视课堂的生态发展。课堂，作为师生互动、信息交流、生命共进的场所，应该是一个和谐共进的"生态系统"，必须保持课堂这个"生态系统"的整体"平衡"，才能促进课堂的

---

① 杜亚丽，陈旭远. 透视生态课堂的基本因素及特征 [J]. 教育理论与实践，2009 (7).

整体和谐、健康、可持续发展。

　　生态学是以生物的生存条件以及生物与其生存环境之间的相互关系为研究对象，探求有机体与其环境之间相互作用的形式和规律。生态课堂借助于生态学的方法，以生态思想和生态视角考察课堂教学，从学生、教师及其课堂环境的相互关系中探索生态课堂的动态平衡。生态课堂思想的核心是生态整体观、和谐观、可持续发展观、平衡观、健康观，生态思想以生态系统的平衡、稳定和整体利益作为出发点和归宿，它关注的是教师、学生、课堂教学环境之间多元互动的整体关联，而不是其中的任何一个部分或一个方面。

　　生态课堂不是"生态加课堂"，而是指一种生态状态下的课堂，或者说达到了生态状态的课堂。生态课堂不是那种不要教室的、以活动教学为主的"活动课堂"，而是以传统课堂形式为基础同时吸收传统课堂和生活课堂的优点并对其进行生态学改造的课堂。生态课堂观认为，在可预见的将来，传统课堂形式仍然是不可替代的，但是必须克服其存在的缺陷。生态课堂理论也不是生态学理论向课堂理论的简单移植，而是用生态学的精神和基本原则来对课堂进行研究[39]。生态课堂的提出不是对传统课堂的全盘否定和颠覆，也不是重新建构一套全新的理论体系。它只是用生态的理论和方法思考课堂教学，寻求课堂教学中以人（学生、教师）为本的生命价值、人的可持续发展、健康发展；不只关注人的认知领域，更加关注从认知领域到生命全域的发展；不只关注课堂中作为主体因素的人的发展，还关注人与环境的共生、和谐发展。课堂环境中不只是物质环境，还有人际关系环境、文化环境、制度环境、心理环境的共同和谐发展。生态课堂追求课堂整体的"平衡"发展。

一、生态课堂的基本因素

　　"生态"一词在《辞海》中是指自然环境系统中生物与生物之间、生物与生存环境之间相互作用建立的动态平衡关系。课堂是一个特殊的生态，具有自然生态和文化生态的双重属性，使课堂形成一个有机的生态整体，表现为教师与学生之间、学生与学生之间及其与教学环境之间相互作用的良性发展的动态平衡关系。

生态课堂借助于生态学的方法，以生态思想和生态视角考察课堂教学，从学生、教师及其与课堂环境的相互关系中探索生态课堂。目前，关于生态课堂基本因素的研究已经发表过一些，论素包括人的因素、物质因素和精神因素三种，这三者之间相互依存、相互制约，呈多元互动的关系。就内涵而言，生态课堂包括课堂中的环境生态、文化生态、心理生态以及行为生态[40]；有的学者提出生态课堂的因素包括物质因素、制度因素、文化因素、心理因素[41]；有的学者提出课堂生态是教师、学生、环境、教学信息之间互相联系、互相作用所构成的生态系统或网络[42]。从以上各种不同的观点看，对"生态课堂是教师、学生与教学环境相互作用的影响因素"这一观点基本上是认同的，只是提法不同。笔者认为，关于生态课堂因素中"人的因素、物质因素和精神因素"、"环境生态、文化生态、心理生态以及行为生态"两组概念间的逻辑关系不是一个层面上的，人的因素和物质因素是并列关系，物质因素和精神因素也是并列关系，但人的因素和精神因素就不是并列关系的两个概念，所以这个提法不合逻辑。同样道理，"环境生态、文化生态、心理生态以及行为生态"中的四个概念也不是同一层面的关系，环境生态中的环境既包括物质生态，也包括文化、心理等精神生态，这个观点也不合乎逻辑。同理，"物质因素、制度因素、文化因素、心理因素"这四个因素也不是并列关系。"教师、学生、环境、教学信息"这四个要素的划分有其合理性，但四个生态因子中，既有动态的，也有静态的，既有人的，也有物的，划分标准不易统一。而在生态课堂的因素中，主要体现为教师、学生、环境三个主要方面的多元互动关系。在这三个主要因素中，教师、学生是生态课堂的主体因素，而环境作为客体因素及主体派生出来的主体、客体要素又有其具体内容。据此，笔者认为，生态课堂的因素主要有两个方面，一方面是生态课堂的主体因素，包括教师、学生，另一方面是环境因素，包括客体的物质环境因素和由主体派生出来的人际关系因素、制度因素、文化因素、心理因素等精神环境因素。两个方面的生态课堂因素之间相互依存，相互制约，多向互动，彼此发生着多元作用。课堂生态各因素之间任何一个要因的改变都将给课堂带来某种变化，通过课堂各因素彼此之间的物质、能量与信息的互动，使课堂各因素之间形成有机联系，共同维持课堂系统的整体动态"平衡"。

（一）主体因素

生态课堂中的主体因素包括教师和学生两个方面。教师和学生作为生态课堂中主体生态因子中的两个种群，在课堂教学活动中包含了个体、群体与多维生态因子的动态组合和互动，包含了各类生态群体与生态因子的力量波动、消长与平衡以及能量（教学情绪和兴趣等）和物质（知识和技能等）的传递和循环等等。课堂教学中的每个个体和群体都在其中获取其期望的价值实现[43]。教师与学生这两个种群之间相互依存，共同发展，形成一个生态课堂的主体群落。教学活动作为生态课堂群落中的重要组成部分的活动因子，是一个由师生构成的双边活动，是一个有机的共存整体，两者缺一不可，缺少任何一个方面，都不能成为课堂教学活动。师生在同一个目标引导下，凭借教育教学媒体，共同遵守教育教学规律进行活动，双方中若有一方打破这种共存关系，就会使教学秩序无法得以保持，生态课堂中的平衡就会被打破。在生态课堂中，学生作为"消费者"，在教师这个"生产者"的引导下学习文化知识和技能，发展能力，在形成思想品德的过程中，获得这些有形和无形的"物质营养"，在师生的多元"物质"、"能量"、"信息"的交换中，每一天都在成长和进步。可以说学生每天都站在一个新的增长点上，而教师也在学生的促进下，不断出现新的发展和变化。师生互为前提，学生的成长是教师悉心培养和自身努力的结果。教师的教学水平和教学艺术越高，学生的成长也越快。反之，教师的成长程度在一定领域、一定范围内也相应地受到学生的影响。师生在教学过程中，相互依存，共同进步、发展和提高。学生与学生之间也是相互影响、共同促进的，在课堂教学中形成了一个共生的伙伴关系。教师与学生作为生态课堂的主体因素,保持着和谐、健康、可持续、共生的发展关系,使教师、学生在从认知领域到生命全域的不同的发展过程中,不断地实现着"平衡——不平衡——新的平衡"的动态发展和完善。

1. 学生因素

生态课堂是以人为本、以学生的发展为本的课堂,充满生命活力是学生成长的乐园。在生态课堂里,教师不再是教学的权威者、教材的解读者、教案的执行者,而是一个善于创设教学情境、富有教育机智、充满教育智慧的引导者。生态课堂给予学生的不单单是知识的传授、技能的形成,更多的是学习动机的唤醒、学习习惯的养成、思维品质的提升,生态课堂不是培养只会学习的个别"优等生",或者是只知道自己不知道他人的"高才生",而是从认知领域到生命全域的综合素质的整体和谐发展。

在生态课堂中,主体和主人都是学生,学生既然是处在主体首席位置,那么,应该享受的第一个权利就是话语权,从生态课堂的实际来说,就是自由表达思想、情感、观点、意见、看法的权利。作为教师,只有把课堂的话语权"交"给学生之后,才可能让每一个首席生态因子充分活跃起来。学习过程不是学习"程序"的简单"粘贴"、"复制"的过程,而是在这个过程中,让学生不断获得新的"阳光"、"雨露",在生态课堂这个"肥沃的土壤"中健康茁壮地成长。通过师生、生生思维的交流,产生出新的灵感,碰撞出新的思想火花,学生才能真正成为有思想、有个性、有创新的个体,而不是千人一面、万人同篇的"产品"或"作品"。

生态课堂是以学论教的课堂,将学生的"自主"与教师的"引导"和谐共生,课堂才有实效,才会是生态的,学生才会成为学习的主人。要以学生为本,充分认识学生是一个真正的"人",是情感中的人,是生活中的人,是社会中的人,是发展中的人,是有个性的人。课堂是学生主动探究、主动学习以及学生成长和发展的重要场所。在生态课堂中,教师要以积极的态度,将爱生之心渗透到课堂教学的每一个环节当中,让学生从中找到学习的动力,让课堂成为学生实现自我的生命绿洲。

2. 教师因素

教师是学习活动的组织者和引导者，是课堂的主导，是生态课堂中另一个活跃因子。教师不只是学生知识的引路人，更是学生生活的领航者，也是学生做人的榜样。在学生的成长发展中，教师起着重要的作用，对于教师，也不能只是一味地给予要求和压力，也要多一些人文关怀，让关怀成为教师更好教学的"助力器"、"加油泵"，让教师在付出的同时获得身心的愉悦。

现阶段，我国教育体制的改革、教育机制的创新、教育岗位的竞争、新知识新技术的引进等方兴未艾，教师无论在知识经验、教学能力上，还是在心理素质上，都面临着巨大的考验，导致教师心理健康出现问题。毋庸讳言，教师的不良心理不仅影响教师自身的工作和生活，还会影响正常的师生关系，甚至会引发学生的心理障碍，从而给学生的学习生活以及人生态度带来负面效应。可以说，心理不健康的教师对于学生身心造成的危害，绝不亚于恶性传染病对学生身体造成的威胁，也不亚于其教学能力低下对学生学业所产生的影响。因此，要使学生心理健康发展，教师必须首先拥有健康的心理。要培养出身心健康的学生，首先要有一支身心健康的教师队伍[44]。学校不仅关心教师知识能力的成长，也要关注教师的心理健康，把课堂建设成为师生共同成长的精神乐园。让学生乐学，首先教师要乐教，只有这样，才能达到愉快教学、和谐教学、健康教学、整体发展的生态目的。

(二) 环境因素

1. 物质因素

物质因素是指影响课堂教学的物质环境，包括课堂的自然因素、时空因素和教学设施因素等。课堂的自然因素是指课堂教室的大小、亮度、温度、湿度和通风状况等。时空因素是指课程设置、教学活动安排、桌椅摆放及编排方式等。教学设施包括课堂上使用的各种教学媒介和学生使用的学习工具。教学媒介有传统的黑板、粉笔，有现代的录音机、投影仪、计算机网络系统以及相关实验器材等。学习工具包括教材、教辅书、字典、词典、纸、笔等传统工具以及计算器、电子词典、计算机等现代化工具。

2. 精神因素

精神因素主要包括课堂教学中的人际关系因素、制度因素、文化因素、心理因素等。

(1) 人际关系因素是指影响课堂教学的主体因素之间的关系，主要表现为教师与学生、学生与学生之间组成的各种正式、非正式的人际关系，包括教师个体对学生个体和学生群体的关系，也包括学生个体对教师个体和教师群体的关系以及学生对学生个体和学生群体之间的关系以及学生群体与学生群体，教师群体与教师群体之间的关系等。教师与学生之间要形成平等、对话式的友好关系，学生与学生之间要形成合作、促进、发展的伙伴关系。无论是正式的组织式人际关系，还是非正式的各种人际关系，都应该是健康、和谐的，体现生态的价值观。随着社会的发展，人际关系在社会交往中的作用越来越重要，它不仅影响着一个人的成长，甚至成为左右其学习、工作、事业能否取得成功的重要因素之一。过去那种"两耳不闻窗外事，一心只读圣贤书"、"事不关己，高高挂起"的思想已经成为严重影响现代人全面适应社会、促进自身发展的障碍。生态课堂，需要的是善于交际、善于合作的人际关系，现代社会越来越需要人们具有善于与人交往、与人合作的能力。

(2) 制度因素是指对课堂教学活动的有关规定、约束等规范要素，是师生共同遵循的活动方式。有来自社会和学校的相关制度，也有来自教师和班级的相关制度。因为课堂教学作为学校教育教学的主阵地、主渠道，是师生社会化过程的重要途径，课堂教学除了具有班级制度、学校制度的烙印外，也具有很深的社会制度的痕迹。要保证课堂教学的顺利开展，教师会对学生提出各方面的要求，这就形成了对课堂教学产生影响的课堂制度，同时，班级是学生开展活动的基本单位，它存在着一个由学生组成的社会组织结构，也存在着一些非正式的小群体，由教师和学生共同协议或者由学生协商形成的相关约定，这些都是课堂教学顺利开展的保障。

(3) 文化因素是指影响课堂教学包括信仰、价值、观念、习俗和师生作为课堂教与学行为者所获得的能力和习惯在内的内隐文化，也有外显的、物化的人工物品和符号化的物质文化。文化因素具有以下特点：第一，文化因素是潜移默化存在的，在师生教学生活的所有层面以不同的形式表现出来，如课堂教室的布置是一种隐性课程文化，对学生会产生潜移默化的影响。第二，文化因素具有相对性，不同的国家、地区的不同学校、不同班级具有不同的学习方式、价值观念和习俗等文化倾向。第三，文化因素具有普遍性，即所有的课堂教学共同的教育价值追求，如课堂教学的认知追求是所有不同国家、不同地区的学校共同的价值追求。从课堂教学内容来看，教科书中蕴含的文化观念等也充分体现了社会文化的认同痕迹。课堂中的文化生态就是这些多样的文化因素相互适应而形成的生态关系，这些文化共同构成了课堂中的多元文化空间。如何协调课堂中的多元文化，构建一个和谐的文化生态意义重大[45]。

（4）心理因素是指影响课堂教学的教师教学和学生学习的心理因素。教师的教学心理主要指教师的心理意识、角色意识，包括教师课堂教学时的言行举止、仪表状态、情绪情感、专业素养、教学智慧、人格魅力等[46]。学生的学习心理包括认知、学习情感、学习态度、学习方法、学习观念、专注程度、合作意识、独立精神、参与程度、学习的自我调控等。教师的教学心理与学生的学习心理是相互影响、共同促进的。

由学生和教师组成的课堂教学中的主体因素及其影响课堂教学的人际关系因素、物质因素、制度因素、文化因素、心理因素等环境因素共同组成了复杂的生态课堂因素。课堂教学正是教师与学生在与这些因素的联系、平衡过程中实现其教学功能的良性发展。生态课堂强调把课堂看成一个完整的生态系统，系统内部各个因素、各个组成部分之间都是相互关联的，同时在解决课堂教学问题的过程中，强调一种动态平衡的观点，强调内部各个因素的协调发展，是用一种生态观点、方法来认识课堂教学问题的。因此，建构生态课堂，要坚持以人为本，优化环境，追求生命共生、多样化发展，以实现课堂教学良性动态的平衡发展，使课堂建设走向生命化、和谐、可持续、健康发展的过程。

二、生态课堂的基本特征

生态课堂是以生态理论辩证地思考课堂中教师、学生与课堂教学环境之间的关系，是以人与人、人与环境的和谐为价值核心的思维方法和发展思路。生态课堂是尊重的课堂，是生命发展的课堂，是和谐的课堂。生命是其发展的价值体现。和谐是其存在的形式。可持续、健康是其发展的方向。关于生态课堂的基本特征，目前也有许多不同的研究论点，如认为生态课堂的特征是多维互动、客观存在、动态性、开放性[47]的；课堂生态的基本特征是系统整体性、稳定平衡性、动态开放性、可持续发展性[48]；生态课堂具有开放性、多样性、整体性、自组织性、生成性的特征；"原生态"课堂的主要特征是整体性、多样性、适应性[49]。以上观点大多体现了生态课堂的特征是单向式的，具有多发性特点，各个特征之间彼此孤立，缺乏关联，没有体现生态课堂的整体、共生、和谐、发展的辩证统一。生态课堂应该是多样性的、统一的，是彼此之间具有多元的关联，而不是单向的孤立发展，因此，笔者认为，生态课堂具有如下基本特征。

（一）整体相关与动态平衡的统一

自然界是一个有机联系的整体，每一个系统都不是孤立的，它处于纵向的各个系统中，也与横向的系统发生着各种各样的联系。平衡与不平衡能够在这些大小系统里流动与转移。课堂是自然界的有机组成部分，是整个生态的一部分，也是一个整体的有机系统。课堂中有各组成要素，也有各自的运演规律，但它们之间绝非是相互独立、互不相干的，而是一个统一的整体，各组成部分之间进行自发转移和人为的推动，促进课堂系统向"不平衡——平衡——不平衡"的方向发展。生态课堂遵循着生态平衡规律，即各个因子和谐、平衡才能发挥各组成要素的正常功能，并由此产生整体功能的放大效应，从而达到最大限度地发展人、完善人的教育目的[50]。在生态课堂中，每个生态因子与其中的"有机物"（教师、学生）、"无机物"（环境等）、"气候"（学习气氛围）、"生产者"（教师）、"消费者"(学生)之间时时刻刻都存在着"物质"、"能量"、"信息"的流动与交换。每种成分、过程的变化都会影响到其他成分和过程的变化,正是由于系统中这种不平衡的存在,才使得系统的演进产生了动力,系统中对立面之间的斗争通过此起彼落的较量,总是向着更高的景观螺旋式前进。生态课堂把学生作为教育本体,作为教学的第一资源,为他们建立一个自由和谐并富有个性的独立自主的生态学习环境,使学生的认知、情感、态度、价值观整体协调发展,使课堂中的物质、能量、信息的转换由不平衡到平衡,由新的平衡到新的不平衡的循环往复、螺旋上升,从而使课堂教学效益与生命质量不断获得提升,实现课堂整体与动态的统一发展。

(二)多元共存与和谐共生的统一

人在对自然的探索、改造过程中,需要始终以一种宽阔的视野、胸怀和眼光对待自然界中的万事万物,切忌为了眼前的、局部的利益而牺牲自然界本身的丰富性和多样性,影响生物系统的和谐共生。在课堂教学中也是一样,教师和学生都是具有多样性的丰富个体,多样性是课堂生态系统内在丰富联系性的外在表现,在课堂教学中,要承认学生的多样性,允许并保护课堂教学中学生个性的存在。生态课堂应遵循个体的生命发展规律和原则,促进学生的生命走向更加完整、和谐,体现教育本质的回归,走进学生的生命世界,促成课堂教学的各元素之间和谐运作,使师生在丰富多样的环境中共同发展,实现多元共存与和谐共生的统一。一个物种的进化必然会改变作用于其他生物的选择压力,引起其他生物也发生变化,这种相互适应、相互作用的共同进化的关系即为协同进化[51]。这种协同进化正是多元共存与和谐共生统一的结果,从而实现生态课堂的物种之间不能分开的互利关系,"你中有我,我中有你",是师生之间共生、共存统一关系的形象写真。

(三)开放性与交互性的统一

生态课堂作为自然界的组成部分之一,既是一个开放的系统,又是一个充满活力的交互关联的系统。开放性意味着系统内外各要素之间彼此的联系性,交互不仅仅是在一种独立系统内的相互作用,与环境之间也有着各种各样的联系。因此,相对独立的开放性和交互性的统一是生态课堂系统的存在方式。生态课堂作为一个开放的生态系统,有"物质"、"能量"、"信息"的进出和交换,以达到自身的不断更新与发展。同时,生态课堂作为一个交互作用的关联系统,其内部生态因子之间、生态因子与外部环境之间也发生着多元的、互动的联系,使其发生着物质、能量、信息的交互作用。课堂中生态主体通过外界环境不断地进行知识吸收,并将积极构建的知识通过自己的方式传递给课堂教学中的其他生态个体,促进课堂生命体的共同发展,同时完成个体的社会化过程。在这个复杂生态中,学生的德、智、体、美、劳以及其他各科教学虽然是多进程交替进行的,却都是促成生态主体全面发展、构成完整课堂教学生态的必要组成部分,促使生态主体随着不同学科所形成的生态圈对自身意义进行积极建构,从而促进学生的全面发展[52]。学生在课堂上获得知识的同时,要考虑其认知上的接受能力、心理上的承受能力,以保证学生能够对新知识进行同化,使新旧知识之间建立相互联系,实现学生自身新旧知识间的交互发展。在生态课堂教学中,学生的发展不仅停留于知识教学、能力训练的层面上,更是师生之间、与教学环境之间进行的一种生命为了求得发展而交互作用的活动,师生在这个过程中享受着认知过程、生命过程成长的快乐。因此,在生态课堂教学中,要重视生命价值,提高思维品质,促进整体发展,形成教师、学生各自发展与互动发展的生态链条,构建师生之间及其与教学环境之间自由对话的生态发展场,建立和形成生态课堂和谐发展的有机关联,实现生态课堂开放性与交互性的统一。

(四) 有限性与无限性的统一

自然界所蕴含的物质财富似乎是无限的,人们只向自然界无限索取,而缺乏保护和建设自然界的意识。其实,相对于满足学校、教师、家长各方面的需要来说,学生作为自然生态环境的价值资源也是有限的,把学生当作可无限填充的接受知识的容器,过度灌输,无限供给,容易导致学生的学习兴趣等精神资源临近"枯竭"状态。人的潜力的挖掘可以是无止境的,然而这种盲目的发展观忘记了人也是自然的产物,人的发展不仅要全面、个性化,也应该是和谐、健康、可持续发展的,无限度地对学生进行枯竭性的智能挖掘会如同对地球资源的毁灭性利用一样,是十分危险的。学生作为独立的自成一体的生命,有着自身的发展规律和特点,无视学生的个体需要和成长发展而进行过度开发,必将会付出比破坏自然生态更大的代价。同时,就人的认识而言,学生的认识发展潜力又是无限的,人的认识过程是一个辩证否定的发展过程,知识是一种可以重复使用而又不会损耗的无限资源和无污染资源,伴随着学生生命的成长,学生的认知也在不断地丰富和发展,学习是终身的行为,认知的发展也是终身的追求。因此,在生态课堂教学中,既要保护学生的认知需要,也要不断促进学生新的认知的生成,实现课堂教学中知识的有限性与无限性的统一。

(五)差异性与标准性的统一

生态课堂教学中要特别重视"人本性"问题,尊重人的差异性、多样性、独特性,重视学生独特的感受、体验、主体性以及潜能的开发,及时满足学生合理的需求。同时,学生的世界观、价值观正在形成之中,教师既要根据学生的个别差异尊重他们的选择,又要根据一定的理性"标准"加以引导,只有这样,才能不断提升学生的生活质量,养成学生严谨的生活态度和责任感,同时教师也在不断地约束自己走向正确的发展方向。这种理性"标准"既体现了某种真理及人类的共识,又体现了现代教育的规范、导向作用。如果没有对真理、规律的探索,没有依据规律而制定的教学标准,课堂将跌入无序、混乱的深渊,任何"人文"的东西也就无从谈起。生态课堂是有秩序、可持续发展的,并且也是有"规律"、"共识"、"标准"可循的。正是凭借这种"理性精神",课堂教学克服了人作为动物界一员的狭隘眼界,超越了感性的局限性,使自身科学、系统、理论的思维不断进化和发展,避免了其他动物那样完全受自然界支配的命运,这是生态课堂所要遵循的差异性与标准性相统一的重要规律。当然,强调标准,并不是要像传统那样,用标准的霸权去压制差异,课堂中不能只有教科书、教师的"标准"而无学生的"多元体验"、"多元理解",更不是传统工业文明时期的"标准化"的"批量"生产科班人才制造场,从而使课堂丧失了自我演进的内在机制和动力，缺乏生态发展的态势。因此，生态课堂要体现差异性与标准性的统一，差异是有标准的差异，标准也是在差异基础上的标准。课堂教学既需要差异，更需要基于规律、真理的标准和规则。生态课堂应该是兼顾人的差异与标准，兼顾人性需求与社会需要，实现人的健康、和谐、可持续发展的课堂。

第四节　教师反思与对话

鄂伦春民族文化课程的实施主体最终体现为教师，因此教师在很大程度上直接决定了鄂伦春民族文化课程的教学设计是否科学、合理，鄂伦春民族文化校本课程的课堂能够建构出生态课堂。为促进教师在鄂伦春民族文化校本课程开发和实施中充分彰显其智慧、发挥其力量，我们认为教师反思与对话是关键性的因素：①

一、论教师反思

新课程改革语境之下，很多学校开始了制度化的校本课程开发。在"为了学校，在学校中，基于学校"的核心理念指引之下，全国各地的学校开始了校本课程开发的积极探索。其中 H 省 X 鄂伦春民族学校基于自己学校的民族文化特色，以促进民族文化的传承与创新为目的，开展了一系列有关鄂伦春民族文化的校本课程开发。通过对 X 鄂伦春民族学校校本课程开发过程的理性审视，笔者认为，教师反思是校本课程开发成败的关键。

（一）校本课程开发中教师反思的价值追问

教师作为校本课程开发的主导性力量在校本课程开发过程中发挥着举足轻重的作用。在"教师创造了学校"这一意义层面上，我们认为教师决

---

① 杨宏丽，唐守冬. 论校本课程开发中的教师反思 [J]. 黑河教育，2009 (3).

定校本课程开发的质量、进程以及顺利程度,等等。离开了教师,校本课程开发无从谈起;离开了教师,课堂教学不复存在;离开了教师,教育活动失去了合法化内涵。在校本课程开发过程中,教师已有的知识、能力、经验等都会在一定程度上促进或延缓校本课程开发。但我们认为,促使校本课程开发成功的关键性因素是教师反思。教师反思会促进其已有知识的增长,促使其专业能力不断提升,赋予其教学经验以教育学意义。另外,人类学的相关理论也再次证明了反思之于教师的意义。

尽管人类学理论已经呈现多元化的样态,但是人类学理论永恒的研究焦点就是对实践的关注。法国著名人类学家布迪厄对实践曾进行过深入探究,著有《实践理论大纲》、《实践与反思》等著作。布迪厄在对人类学研究进一步反思时,提出要把研究者自身的制度和实践也要纳入人类学文本的撰写之中,受人类学"参与观察法"的启示,他提出著名的"参与客化法"(participant observation)。所谓参与客化法就是指"社会科学者把自身的实践纳入思考和观察范围,既要对社会生活提供一定的概括,又要理解自身和被研究者生活的逻辑"[53]。这种方法背后隐藏着一定的学术态度,即研究者通过对自身的反思达到与被研究者之间的良性沟通,从而在主观和客观、思辨与实证之间达到一种平衡。在今天,"教师作为研究者"已经成为一种国际思潮之际。受人类学的启示,我们可以认为教师进行教学实践的过程也就是教师以学生作为研究对象、以课堂作为田野工作地点的一项研究工作,在这样的意义上,布迪厄的"参与客化法"不能不说是激发教师深思的力量。人区别与其他存在的一个重要方面就是人能够以自身作为意识的对象从而进行思考,这样的思考,也就是我们所说的反思、反省。虽然人可以具有这样的能力,但是反思并非是所有人的一种生活习惯。在各式各样的生活当中,人们最易于把批判的目光投向他者,使自己成为忽略的对象,从而对别人吹毛求疵的时候而全然不顾自己在犯着同样的或类似的错误。因此,反思意识以及反思习惯的养成对于理解自己、理解他人具有重要的意义。作为教学设计者、组织者、调控者、管理者,教师在校本课程开发过程中拥有着一定的课程开发权力,这些权力给予了教师参与课程开发的合法化身份，但教师有了课程开发的权力并非就能够顺利、高效地完成校本课程开发。课程开发过程本身就是一项复杂的教育研究，教师就是这项研究的主要研究者。如果教师和日常生活当中的人一样缺少自我反思意识的话，那么教师的研究者角色便无从谈起。在布迪厄"参与客化法"的启示之下，我们认为教师只有和社会科学者一样，把自身的实践纳入思考和观察范围，不断地进行自我反思、自我对话，才能使自己的课程开发理念以及课程开发实践更加科学化，更加符合学校的实际，也进一步促进学校和自身的共生共长。

（二）推动教师反思的策略考究

此次基础教育课程改革促使教师身份发生了彻底变化。以往，教师只要把教科书上的内容讲解清楚即可，教师只是忠实的课程实施者。课程改革向教师提出了挑战，教师的身份发生了多元变化，教师不但是课程的实施者，还要参与到课程开发之中，做一名积极的课程开发者。如前所述，教师反思是教师成为课程开发者的关键。那么，怎样才能推动教师进行反思，使其养成反思的习惯呢？

1. 异文化的碰撞

很多情况下，我们之所以缺乏反思是由于我们对周围的一切过于熟悉，从而不加任何批判地习惯性接受。但是，当异样的事物、事情出现的时候，我们会自然而然地进入思考状态，并开始对比新事物、事情和自己已经习惯了的事物、事情，比较的过程促使我们深思原有事物、事情的合理性。其实这已经进入反思阶段，反思的最终结果要么坚定对原事物、事情的信念，要么促使自己发生改变，产生新的判断与理解。由此可见，与原有认识的差异性刺激是促使我们反思的动因，若从文化学的角度加以阐释，即异文化的碰撞是促使我们对原有文化产生怀疑，从而进入反思状态的动力。

对于没有校本课程开发历史的学校来说，其他学校校本课程开发的历史会促动该校教师对校本课程开发的关注；对于校本课程开发经验不足的学校来说，其他学校校本课程开发的经验会促使该校教师反思自己课程开发过程中的缺失，从而调整自己的课程开发行为。由此，对于H省X鄂伦春民族学校的教师来说，尽管已经具有了课程开发的经历，但是在课程开发的具体做法方面还存在着诸多不足，而在此时，同质的其他学校（同是鄂伦春民族学校，同时在进行着鄂伦春民族文化课程的校本开发）校本课程开发的具体模式、开发过程等会成为一种有效的异文化刺激，从而促使 X 学校教师对于自己和其他学校教师的课程开发之间形成对比。在自我和他者的理念、行为的对比过程中，X 学校教师自然会对自己已有的信念、行为展开系列思考，由此进入反思阶段。

在此需要说明的是，H 省 X 鄂伦春民族学校的校长及教师们已经意识到这一点，已经和 N 省 Y 鄂伦春民族学校建立了初步的联系。由于 N 省 Y 鄂伦春民族学校在鄂伦春民族文化校本课程开发方面已经积累了诸多成熟有效的经验，因此，H 省 X 鄂伦春民族学校决定要派鄂伦春民族文化课教师去 Y 学校学习，探讨鄂伦春民族文化课程开发的具体做法。

2. 反思制度的建立

目前，很多学校已经建立了明确的校本课程开发制度，但与此同时也有一些学校缺少校本课程开发所需的相应制度。通过长期的田野研究笔者发现，尽管 H 省 X 鄂伦春民族学校的师生已经意识到了校本课程的重要性，但因为课程开发经验的不足而对校本课程开发表现出了茫然不知所措的无力感。该校没有校本课程开发的专门组织，更缺少明确、系统、规范的校本课程开发制度，更不用提及教师反思制度了。笔者认为，制度的建立会在很大程度约束制度之下每位成员的行为，尽管在初始阶段，每位成员并非完全认可了制度的合理性。因此，我们认为，在校本课程开发过程中，学校要为教师反思提供一种制度安排的伦理环境，使教师反思在制度的支撑下闪烁着伦理关怀的光芒。因为"离开制度的正当性来谈个人的道德修养和完善，甚至对个人提出各种严格的道德要求，那只是充当一个牧师的角色，即使个人真诚地相信和努力遵奉这些要求，也可能只是一个好牧师而已"[54]。由此可知，在缺少公平、合理的校本课程开发制度情况下，我们对教师反思习惯的缺失横加指责是极其苛刻的。

制度的建立有多种模式，由此产生了不同的实效。对于校本课程开发制度以及教师反思制度的建立，笔者认为应采取集体审议的方式，在所有成员多次审议之后，由此而达成的共识作为制度建立的基础；制度一旦形成，制度下的所有成员，无论是学生还是教师，无论是学校领导还是普通一员，无论是年长的教学专家还是年轻的教学新手，都必须严格遵从制度的各项制定。只有这样，制度才能从建立到实施过程中为每位成员所认可。制度不仅是一种外在于个体的各种规约，同时已经成为每位成员内在的心灵尺度。鉴于此，笔者建议 X 鄂伦春民族学校应立即建立一系列的校本课程开发制度，其中包括教师反思制度，并以此作为可行的制度建构模式。有了全体成员达成共识的反思制度为基础，X 鄂伦春民族学校内的教师才有可能开始反思的尝试，并通过反思体验到课程开发的快乐！

二、教师对话

长期以来由于教师工作的特点，促使教师隔离性文化成为教师文化的重要一种。为此，我们认为在鄂伦春民族文化校本课程开发中，需要形成合作的教师文化，为此，需要教师和同侪、和文本、和专家、和自己、和组织之间展开充分的对话，这有助于合作教师文化形成，从而促使教师个体以及教师群体的专业发展，以达成鄂伦春民族文化传承与创新之目的。

（一）教师与同侪对话：激活专业发展自觉

教师是否具有专业发展的自觉意识是教师专业发展的前提。"因为，它意味着人不仅能把握自己与外部世界的关系，而且能把自身的发展当作自己认识的对象和自觉实践的对象，人能构建自己的内部世界。只有达到了这一水平，人才会完全意义上成为自己发展的主体。"[55] 由此，如何激活教师专业发展自觉便成为促进教师成长的首要一环。我国台湾学者罗清水认为："教师专业发展乃是教师为提升专业水准与专业表现而经自我抉择所进行的各项活动与学习的历程，以其促进专业成长，改进教学效果，提高学习效能。"[56] 问题的关键在于，如何让教师具有为了提升专业水准与专业表现而进行自我抉择、开展各项学习活动的自觉意识？为了让教师掌握教室内复杂活动所必需的知识、能力、态度、信念等，为了有效激发教师专业发展的自觉性，同课异构活动不能不说是一种有效的方式。为此，我们建议 X 鄂伦春民族学校可以开展某一主题的鄂伦春民族文化校本课程的同课异构，也可以和其他鄂伦春民族学校的教师之间展开同课异构活动。在同课异构的活动中，教师们可以看到不同于自己的课堂教学，不同的课堂教学理念和具体行为方式，这种异文化对于 X 鄂伦春民族学校教师以及其他学校的教师来说都是一种有意义的文化碰撞。

(二) 教师与文本对话：澄清思想中的困惑

鄂伦春民族文化校本课程需要选择哪些内容？如何组织实施？在教学中如何处理教学预设和生成的关系？如何有效达成鄂伦春民族文化课程的情感目标？如何建构生态课堂？这些问题困扰着 X 鄂伦春民族学校的教师。需要说明的是，有些问题是教师在自己教学实践中意识到并能够明确表述的，更多情况是"教师本人在教学实践中意识到问题的存在，但关于问题到底是什么，如何明晰表述"却是一片混沌。这些问题作为教师思想深处的困惑，使教师一时之间处于混沌状态，从而在思想和行为上有些茫然，无所适从。对于教师的困惑，我们应该看到其不同的侧面。一方面，教师的困惑若长久得不到解决有可能会成为阻碍教师专业发展的绊脚石，另一方面，教师处于困惑状态恰好为教师的专业成长提供了难得的时机。处于困惑状态下的教师更渴望找到困惑的本源，教师困惑的不平衡状态促使教师主动去解决困惑而达到一种新的平衡。叶澜教授认为：教师专业发展是"教师的专业成长或教师内在专业结构不断更新、演进和丰富的过程"[57]。教师正是在确认问题、解决问题、反思问题等活动中促使其内在专业结构的不断更新，更加丰富，从而完成其专业发展。

佩里（Perry P）认为："教师专业发展意味着教师个人在专业生活中的成长，包括信心的增强、技能的提高、所任教学科知识的不断更新拓宽和深化，以及对自己在课堂上为何这样做的原因意识的强化。就其最积极意义来说，教师专业发展包含着更多的内容，它意味着教师已经成长为一个超出技能的范围而有艺术化的表现：成为一个把工作提升为专业的人；

把专业知能转化为权威的人。"[58]这些教师尽管掌握了课堂教学的相关知识和技能技巧，但对于自己教学行为背后的原因没有明晰的认识，更无法达到教学艺术的唯美境界。为了让 X 鄂伦春民族学校的教师获得充分的专业发展，推动该校教师对自己鄂伦春民族文化课程实施中背后原因的探究意识，进而促使该校教师在鄂伦春民族文化课程的教学活动中充分彰显教学的艺术魅力，我们认为有必要向该校教师推荐一些和课程教学以及鄂伦春民族文化传承与创新为主题的经典著作。每本经典书籍都是该书作者思想的精髓，是文本作者以语言符号展现的及其深刻的意义世界。阅读书籍的过程就是阅读者和书籍作者对话的过程，"对话仿佛是一种流淌于人们之间的意义溪流，它使所有对话者都能够参与和分享这一意义之溪，并因此能够在群体中萌生新的理解和共识"[59]。通过阅读这些相关书籍，该校教师能够在与文本对话中明晰自己的困惑。

三、教师与专家对话：寻找解决问题路径

一般而言，中小学教师由于长期工作在教学一线，因而他们熟知教室内的各项复杂活动。教育专家一般以具有各种复杂的教育理论作为其身份独特性的标志。因此，中小学教师和教育专家具有不同的专业特征。我们认为要想彻底解决鄂伦春民族文化课程的实际问题，必须要直面教师实践困惑，直面课堂教学中的各种真实问题。因此，我们认为只有用实践的逻辑才能解决实践的问题。基于回到事实本身的价值导向，教师和教育专家有了不同的角色定位。教师尽管没有丰富的教育理论知识，但其实践性知识非常丰富。"理论性知识通常呈外显状态，可以为教师和专业理论工作者所共享，是教师知识冰山露出水面的部分。而实践性知识通常呈内隐状态，基于教师的个人经验和个性特征，镶嵌在教师日常的教育教学情境和行动中，深藏在知识冰山的下部。"[60]教师实践性知识具有独特的教育价值，"它虽然不如理论性知识显而易见，但在教师接受外界信息（包括理论性知识）时起过滤的作用，不仅对教师所遭遇的理论性知识进行筛选，

并在教师解释和运用此类知识时起重要的引导作用;其次,它具有强大的价值导向和行为规范功能,指导甚至决定着教师的日常教育教学行为"[61]。教师专业发展不是外在理念、知识、技能甚至信念、态度的给予,而是基于教师真实生命状态基础上促进教师内在知识、技能的发展、内在理想、信念的养成。这需要教育专家珍视教师实践性知识的价值,并能够采取有效措施帮助教师把内隐的经验逐渐显性化,转化为解决实践问题的可操作模式。为此,我们认为,为了促进鄂伦春民族文化课程的有效实施,大学的专家学者应该和 X 鄂伦春民族学校建立长期的合作关系,应经常深入到 X 鄂伦春民族学校,及时深入课堂教学一线,与有困惑的教师进行面对面的交流。在交流中专家并不是权威式的灌输,而是尽可能地悬置自己的专家身份,认真倾听一线教师内心的声音,展开真正民主、平等的对话。对话的基点不是虚拟的,而是基于教师对所研究问题的真实把握程度。在两年多的田野研究实践中,我们发现:一线教师们对于研究问题的解决策略往往诉诸于自己的教学经验,扎根在自身教学经验基础上去解决教学世界中的种种问题,这是他们的惯常做法。教师们的经验是在其长期的教学实践基础上积累而成的。这些经验有别于专业理论,其样态有些模糊、不系统,没有严密的逻辑体系,更谈不上科学严谨的结构关系。但就是这些隐藏在每位教师个体上的教学经验,像一把把开启问题的活钥匙,在教学世界中绽放了无穷的魅力!也就是这些经验,在支配着教师教学世界下的一言一行、一举一动。对于教师的这些经验,学者们将其命名为默会知识。"教师的默会知识是在个人经验的基础上构建起来的,不能明确表达的内隐性知识,包括教师个人的教育信念,教师对自我的了解和调节意识,教师对学生的感知和沟通能力,教师应对多变的教育情境的教学机智,教师在教学活动中对理论性知识的理解和把握,教师在日常行动中表现出的批判反思精神等。"[62]为此,专家应该尽可能地帮助教师们激活他们的默会知识,并在研究实践中,逐步将其默会知识显性化。

4. 教师与自我对话:超越经验的理论生成

国内外很多学者对于"教师专业发展"进行了深入探讨,有研究者指出:"'教师专业发展'从构词角度来看可以有两种理解,即'教师专业'的发展与教师的'专业发展'。前者是从教师群体的角度来看的,它是指教师这个职业群体符合专业标准的程度,即职业专业化过程。后者是从个体角度来看的,它'强调教师个体知识、技能的获得以及教师生命质量的成长',是指教师由非专业人员成为专业人员的过程。"[63]因此,为了有效促进X鄂伦春民族学校教师专业发展,我们认为必须立足在教师个体的专业成长基础上,从而促进该校教师群体的专业发展。我们认为,可以先以教师个体专业成长作为典范,逐步带动教师群体的共同发展。通过研究我们发现,对于教师个体的专业成长而言,教师与自我对话是促使教师超越自己原有经验,从而在原有经验基础上生成具有普适性理论的关键。教师在具有了专业发展自觉性之后,教师与文本、与教育专家对话中产生的意义之流唯有通过教师与自己的对话才能被教师个体深刻理解,从而在教师个体的生命中真正建构起更丰盈、更富意义的教育理论。这样的教育理论扎根于教育实践中的问题,基于教育实践中的智慧,指向于更广阔的教育世界。

5. 教师与组织对话:创建生态教师文化

当前世界教育学术界有关教师专业发展的论述,对教师专业发展的内涵、过程与结果存在相当差异。总结起来,可以归结为如下三类取向:理智取向的教师专业发展(intellectual perspectives of teacher professional development)、实践—反思的教师专业发展(practical-reflective perspectives of teacher professional development)和生态取向的教师专业发展(ecological perspectives of teacher professional development)。不同的取向所认为的专业发展重点和途径也不相同。[64]理智取向认为教师专业发展的重点就是知识的获得和行为的变化,发展的途径就是各种短期或长期的正规培训。实践反思取向认为教师专业发展体现为教师实践智慧的积累,其重点在于教师行为的改变。因而其发展途径不是外部培训,而是经验学习,发展的方式就是探究、合作和反思。生态取向认为教师的专业发展并不完全依赖于自我,个人环境、组织环境都对其产生重要影响。因此,教师专业发展最理想的方式就是教师之间通过合作来发展,其关注点为以合作为特征的新型的教师文化的创建。[65]新型教师文化从组织层面为教师专业发展提供了更强有力的保证。

利特尔(Little J. W)明确指出:"对教师专业发展的研究有两种截然不同的路径。路径的不同在一定程度上也反映了教师专业发展一词含义的两面性。其一是教师掌握教室复杂性的过程,这些研究主要关注特定的教学法或课程革新的实施,同时探究教师是如何学会教学的,他们是如何获得知识和专业成熟,以及他们如何长期保持对工作的投入等。其二是侧重研究影响教师动机和学习机会的组织和职业条件。"[66]我们认为,无论人们以何种视角、采取何种路径进行教师专业发展研究,教师掌握教室内复杂活动所必需的知识、能力、态度、信念等是教师专业发展之根基;为教师提供自由和谐的组织氛围是教师专业发展必需的文化支撑。对于教师专业发展而言,教师仅仅掌握了教室内复杂活动所必需的知识、技能远远不够,只有建构以教师合作为核心的生态教师文化,才能从组织上和环境上切实保障教师专业发展的顺利进行。富兰和哈格里夫斯(Fullan M& Hargreaves A)指出,他们在使用教师专业发展这一词汇时,既指通过在职教师教育或教师培训而获得的特定方面的发展,也指教师在目标意识、教学技能和与同事合作能力等方面的全面进步。[67]与同事合作能力是教师专业发展的内在要求。长期以来,由于在工作中以教室为单位,受到个人单兵作战的传统等影响,教师在观念和行为上均缺少合作,这促使隔离型教师文化在我国的教育实践中始终处于主导地位。有学者对中国的教师文化进行了深入的探究,基于中国教师文化现状,提出了隔离型教师文化这一概念:隔离型教师文化是教师之间疏于合作、羞于评定、信奉独立、相互隔离的特定连接方式和习惯表征。它建立在个体文化取向基础之上,是一种最普遍的教师文化。[68]隔离型教师文化的提出迫切需要我们在尊重中国教师文化现状的同时,采取有效的措施,促使教师个体之间形成有效的合作机制。为进一步促进X鄂伦春民族学校形成生态的教师合作文化,我们认为可以通过建立教师专业发展小组、构建教师专业成长网络平台等方式展开。

附　　录

一、图片诱导所用部分图片

附 录 173

174 无文字民族文化传承中的教育选择

二、图片诱导的问题提纲

1. 这幅图片您见过吗?
2. 您能具体描述一下图片上的内容吗?您能具体说说图片上面的故事吗?
3. 您对图片上的内容感兴趣吗?
4. 您认为这些内容有必要教给我们的孩子们吗?为什么?
5. 如果教给孩子图片上的内容的话,您认为应该怎样教?

三、访谈提纲

1. 您叫什么名字?
2. 您是什么民族?
3. 您今年多大年纪?
4. 您能说说自己的人生经历吗?
5. 作为鄂伦春老人,您曾经在山上生活过,您能讲讲您记忆中印象最深的事情吗?
6. 您以前是否会说鄂伦春语?以前学过吗?(如果学过,什么时候学的?谁教的?以哪种形式?当时的体验如何?)
7. 作为鄂伦春人,您以前是否听过鄂伦春族的神话、故事、传说,歌舞、萨满教?谁跟您说的?当时的情境是怎样的?您能具体说说您当时的体验吗?
8. 您还知道哪些其他的传承鄂伦春族文化的方式?
9. 您认为目前鄂伦春族文化处于一种什么状态?您认为在现实的情况下,鄂伦春民族人口少,且和其他民族杂居在一起,生活方式发生了变化,由游猎生活转变为定居生活,在这样的情况下,他的文化还有没有存在的必要？如果有价值，价值体现在何处？

10. 在今天，您认为应该传承鄂伦春族文化的哪些部分？应该怎样做？

11. 您认为学习鄂伦春民族文化课程最终要达到什么目标？

12. 您认为这些鄂伦春文化作为课程内容应该如何组织？

参 考 文 献

[1] 庄孔韶. 人类学通论 [M]. 太原：山西教育出版社，2002：250－253.

[2] [法] 布迪厄. 实践感 [M]. 蒋梓骅，译. 南京：译林出版社，2003：80.

[3] [美] 约翰 R. 霍尔，玛丽·乔·尼兹. 文化：社会学的视野 [M]. 周晓虹，徐彬，译. 北京：商务印书馆，2002：6.

[4] 王岳川. 布迪厄的文化理论透视 [J]. 教学与研究，1998（2）：39－45.

[5] 裴仁伟. 走近"习性"、"资本"和"场"：读《布尔迪厄访谈录》[J]. 贵州师范大学学报：社会科学版，2001（1）：31－34.

[6] 王岳川. 布迪厄的文化理论透视 [J]. 教学与研究，1998（2）：39－45.

[7] 布迪厄. 实践感 [M]. 蒋梓骅，译. 南京：译林出版社，2003：232.

[8] [美] 华勒斯坦等. 开放社会科学 [M]. 北京：生活·读书·新知三联书店，1997：98.

[9] [美] 华勒斯坦等. 开放社会科学 [M]. 北京：生活·读书·新知三联书店，1997：67.

[10] [法] 布迪厄. 实践感 [M]. 蒋梓骅，译. 南京：译林出版社，2003：23.

[11] 王铭铭. 西方人类学思潮十讲 [M]. 桂林：广西师范大学出版社，2005：211.

[12] 刘宗迪，施爱东，吕微，等. 两种文化：田野是"实验场"还是"我们的生活本身"[J]. 民间文化论坛，2005（6）：1－11.

[13] 王岳川. 布迪厄的文化理论透视 [J]. 教学与研究，1998（2）：39－45.

[14] [美] 威廉 F. 派纳，威廉 M. 雷诺兹，帕特里克·斯莱特里，等. 理解课程：历史与当代课程话语研究导论 [M]. 张华，等译. 北京：教育科学出版社，2003：译者前言第 II 页.

[15] 郭建斌，韩有峰主编. 鄂伦春族黑龙江黑河市新生村调查 [M]. 昆明：云南大学出版社，2004：50，290－291.

[16] 柳邦坤. 鄂伦春族文化面临挑战 [N]. 中国民族报，2003－08－26（1）.

[17] 冉光荣. 应当重视民族文化传承的研究：《云南少数民族文化传承论纲》序 [J]. 云南民族学院学报：哲学社会科学版，2003（1）.

[18] 陆云. 云南少数民族文化的传承与创新 [J]. 云南社会科学，2003（S2）.

[19] 王青原. 生活化校园：德育回归生活的一种可能 [J]. 哈尔滨学院学报，2002，23（11）：124—128.

[20] 姜美玲. 回归生活世界的课程价值取向：中小学课程改革的质性研究启示 [J]. 江西教育科研，2002（11）：31—33.

[21] 杨桂华. 论社会系统的自在控制和自为控制 [J]. 哲学研究，1998（8）：59—65.

[22] 陈旭远，孟丽波. 生命化教学的理论建构与实践样态 [J]. 教育研究，2004（4）：69—72.

[23] 王兆明主编. 新生鄂伦春族乡志. 哈尔滨：黑龙江人民出版社，2003：281.

[24] 柳邦坤. 鄂伦春族文化面临挑战 [N]. 中国民族报，2003—08—26，第1版.

[25] 李伟. 民族旅游地文化变迁与发展研究 [M]. 北京：民族出版社，2005：125—126.

[26] 李蕾蕾. 跨文化传播及其对旅游目的地地方文化认同的影响 [J]. 深圳大学学报，2000（2）.

[27] 王岳川. 布迪厄的文化理论透视 [J]. 教学与研究，1998（2）：39—45.

[28] M. W. Apple. Ideology and Curriculum[M]. New York：Routledge & Kegan Paul Ltd，1990：48.

[29] 吴永军. 课程社会学 [M]. 南京：南京师范大学出版社，1999：151.

[30] 郝明君. 知识与权力：课程作为政治文本之研究 [D]：[博士学位论文]. 重庆：西南大学教科院，2006：95.

[31] 王岳川. 布迪厄的文化理论透视 [J]. 教学与研究，1998（2）：39—45.

[32] 布迪厄. 文化资本与社会炼金术：布尔迪厄访谈录 [M]. 包亚明，译. 上海：上海人民出版社，1997：5.

[33] 黄忠敬. 意识形态与课程：论阿普尔的课程文化观 [J]. 外国教育研究，2003，30（5）：1—5.

[34] M. W. Apple. Ideology and Curriculum [M]. New York：Routledge & Kegan Paul Ltd，1990：45.

[35] 刘北成. 福柯思想肖像 [M]. 北京：北京师范大学出版社，1995：219.

[36] 佐藤学. 课程与教师 [M]. 北京：教育科学出版社，2003：107.

[37] 佐藤学. 课程与教师 [M]. 北京：教育科学出版社，2003：196.

[38] 罗定志. 新课程理念下的生态课堂 [J]. 绍兴文理学院学报，2005，(4)：117.

[39] 管月飞. 论生态课堂及其构建 [D]：[硕士学位论文]. 芜湖：安徽师范大学，2007：10，22，23，25.

[40] 管月飞. 论生态课堂及其构建 [D]：[硕士学位论文]. 芜湖：安徽师范大学，2007：10，22，23，25.

[41] 罗定志. 新课程理念下的生态课堂 [J]. 绍兴文理学院学报，2005 (4)：117.

[42] 孙芙蓉，谢利民. 国外课堂生态研究与启示 [J]. 比较教育研究，2006 (10)：88.

[43] 黄亿春. 生态主义课堂教学观的再思考 [J]. 河南教育学院学报：哲学社会科学版，2003 (1).

[44] 吴增强. 理性关注教师心理健康 [J]. 思想·理论·教育，2004 (4).

[45] 管月飞. 论生态课堂及其构建 [D]：[硕士学位论文]. 芜湖：安徽师范大学，2007：10，22，23，25.

[46] 罗定志. 新课程理念下的生态课堂 [J]. 绍兴文理学院学报，2005 (4)：117.

[47] 王兴华. 课堂教学生态及其优化研究 [D]：[硕士学位论文]. 西安：陕西师范大学，2007：12，14.

[48] 窦福良. 课堂生态及其管理策略研究 [D]：[硕士学位论文]. 济南：山东师范大学，2003：9.

[49] 周士勤. "原生态"课堂的基本含义及特征 [J]. 教育科学论坛，2007 (1).

[50] 马玉明. 论课堂生态环境中的和谐师生场 [J]. 世纪桥，2007 (8)：31.

[51] 袁聿军. 遵循生态规律构建生态课堂 [J]. 生物学教学，2006 (7).

[52] 王兴华. 课堂教学生态及其优化研究 [D]：[硕士学位论文]. 西安：陕西师范大学 2007：12，14.

[53] 王铭铭. 西方人类学思潮十讲 [M]. 桂林：广西师范大学出版社，2005：211.

[54] 约翰·罗尔斯. 正义论 [M]. 北京：中国社会科学出版社，1988：22.

[55] 叶澜. 教育概论 [M]. 北京：人民教育出版社，1999：217－219.

[56] 罗清水. 终生教育在国小教师专业发展的意义 [J]. 研习资讯，1998 (15)：4.

[57] 叶澜，白益民，陶志琼. 教师角色与教师发展新探 [M]. 北京：教育科学出版社，2001：226.

[58] Perry P. Professional development: the inspectorate in England and Wales. In Eric Hoyle.

[59] [英] 戴维·伯姆著,李·尼科编. 论对话. 王松涛,译. 北京:教育科学出版社,2004:6.

[60] 陈向明. 实践性知识:教师专业发展的知识基础 [J]. 北京大学教育评论,2003 (1).

[61] 陈向明. 实践性知识:教师专业发展的知识基础 [J]. 北京大学教育评论,2003 (1).

[62] 陈向明. 实践性知识:教师专业发展的知识基础 [J]. 北京大学教育评论,2003 (1).

[63] 教育部首都师范教育司组织编写. 教师专业化的理论与实践 [M]. 北京:人民教育出版社,2003 (2):23,32—36,54,69—71.

[64] 刘晓峰. 中小学教师专业发展培训模式研究与实践 [M]. 上海:上海师范大学,2007:5.

[65] 潘琦. 基于研究共同体的教师专业发展个案研究 [D]. 石家庄:河北师范大学,2009:5.

[66] Little J. W. Teacher development and educational policy. In:Michael Fullan & Andy Hargreaves (Eds.), Teacher development and educational change. London&Washington, D. C. : Falmer press, 1992:170.

[67] Fullan M, Hargreaves A. Teacher development and education change. In Michael Fullan & Andy Hargreaves, Teacher development and educational change. London: Falmer press,1992:8.

[68] 郝明君,靳玉乐. 教师文化的变革 [J]. 中国教育学刊,2006 (3):70—71.

后　　记

　　民族文化作为民族特有的印记，在全球化的今天不断彰显其自身独有的价值。鄂伦春作为一个只有语言没有文字的民族，在新中国建立之初逐步完成了从马背上的游牧民族到平原上的农耕民族的转变。由于鄂伦春民族文化缺少了相应的环境土壤，环境的巨变促使鄂伦春民族文化逐渐发生着文化断裂。此种情况之下，我们必须为拯救鄂伦春民族文化采取有效的措施，这是当务之急，也是我们义不容辞的责任和义务。为此，我们在黑龙江省 X 鄂伦春民族学校开展了以传承和创新鄂伦春民族文化为目的的校本课程开发活动，本书着力描写了此过程之中各位课程设计者是如何对鄂伦春传统民族文化进行教育选择的，并力图展现课程设计者教育选择后的结果性事实。

　　经过一番努力，此书终于要与诸位读者见面。对此，我们特别感谢为本研究付出辛勤劳动的各位参与者。如果没有黑龙江省黑河市黑河学院张学英老师的支持，恐怕我们就不会有对鄂伦春民族文化的系列研究！感谢为本研究提供了具体资料、具有杰出成就的鄂伦春民族老人葛长海、孟淑珍、孟吉云、莫桂茹、莫桂珍，感谢勤劳淳朴具有强烈民族认同感的鄂伦春老人吴福红、葛长云！感谢 X 鄂伦春民族乡的副乡长孟刚、政府办工作人员关红英、X 鄂伦春民族乡妇女主任吴海凤！感谢黑河市教育局主抓民族教育工作的葛金萍老师！感谢黑龙江省黑河市周国忠教研员为本研究所做的贡献！特别要感谢的是 X 鄂伦春民族学校的第一任鄂伦春语言教师张玉花老师，作为传承鄂伦春民族文化的第一人，若没有张老师向政府积极建议，X 鄂伦春民族学校就不会有鄂伦春语言课！感谢张玉花老师为本研究付出的辛勤劳动！最后，特别感谢 X 鄂伦春民族学校的校长张淑英、教师王建生、孟鹦鹉、李海燕、关继峰、学生高亮、葛磊、黄旻元！在此，我们对关心和支持鄂伦春民族文化研究的所有人员一并表示深深的谢意！

图书在版编目（CIP）数据

无文字民族文化传承中的教育选择：以鄂伦春族为个案/陈旭远，杨宏丽著. —2 版. —长春：东北师范大学出版社，2015.3（2025.7重印）
ISBN 978 - 7 - 5681 - 0622 - 1

Ⅰ.①无… Ⅱ.①陈… ②杨… Ⅲ.①鄂伦春族—少数民族教育—研究—黑龙江省 Ⅳ.①G759.2

中国版本图书馆 CIP 数据核字（2015）第 012251 号

□责任编辑：张正吉　　□封面设计：李冰彬
□责任校对：叶　子　　□责任印制：刘兆辉

东北师范大学出版社出版发行
长春净月经济开发区金宝街 118 号（邮政编码：130117）
网址：http：//www.nenup.com
东北师范大学出版社激光照排中心制版
河北省廊坊市永清县晔盛亚胶印有限公司
河北省廊坊市永清县燃气工业园榕花路 3 号（065600）
2015 年 3 月第 2 版　　2025 年 7 月第 3 次印刷
幅面尺寸：169 mm×239 mm　印张：11.75　字数：200 千

定价：35.00 元